E-commerce

GAODENG ZHIYE JIAOYU
DIANZI SHANGWU ZHUANYE
GUIHUA JIAOCAI

高等职业教育电子商务专业规划教材

电子商务数据分析与应用

DIANZI SHANGWU SHUJU FENXI YU YINGYONG

■主 编 陆学勤 聂 强

重庆大学出版社

内容提要

本书共分为5个任务,分别是认识数据、数据分析与应用流程识读、数据准备、数据分析和数据价值展现。任务一介绍了电子商务运营项目中的数据概况,任务二展现了数据分析项目实施的一般步骤;任务三、四、五是本书的重点,侧重数据分析知识与技巧在项目运营中的应用。

本书可作为高等职业院校电子商务以及经管类其他专业的学生教材,也可供电子商务运营岗位初级人员参考使用。

图书在版编目(CIP)数据

电子商务数据分析与应用/陆学勤,聂强主编. --
重庆:重庆大学出版社,2019. 5(2021. 7重印)
高等职业教育电子商务专业规划教材
ISBN 978-7-5689-0392-9

Ⅰ. ①电… Ⅱ. ①陆… ②聂… Ⅲ. ①电子商务—数
据处理—高等职业教育—教材 Ⅳ. ①F713.36②TP274

中国版本图书馆CIP数据核字(2019)第032757号

高等职业教育电子商务专业规划教材
电子商务数据分析与应用
主 编:陆学勤 聂 强
策划编辑:尚东亮

责任编辑:陈 力 郭 飞 版式设计:尚东亮
责任校对:万清菊 责任印制:张 策

*

重庆大学出版社出版发行
出版人:饶帮华
社址:重庆市沙坪坝区大学城西路21号
邮编:401331
电话:(023)88617190 88617185(中小学)
传真:(023)88617186 88617166
网址:http://www.cqup.com.cn
邮箱:fxk@cqup.com.cn(营销中心)
全国新华书店经销
重庆荟文印务有限公司印刷

*

开本:787mm×1092mm 1/16 印张:11.25 字数:255千
2019年7月第1版 2021年7月第2次印刷
印数:3 001—5 000
ISBN 978-7-5689-0392-9 定价:29.00元

前　言

电子商务网站及 APP 迅猛发展的背后是互联网商业的残酷竞争,是优胜劣汰的商业法则。随着数据分析逐渐融入电子商务活动,尤其是数据分析在产品运营中作用的显现,越来越多的互联网从业人员意识到了数据的价值。

电商运营模式日新月异,实战经验不易累积,造成网站及 APP 运营数据分析人才匮乏。各高等职业院校人才培养方案虽然开设有运营项目数据分析课程,但由于项目运营环境条件不足,配套教材相对滞后,电子商务数据分析知识与技能的传授受到了一定阻碍。本教材便是在这一背景下编写而成的。

一、本教材的编写思路

本教材以数据分析项目的一般流程为主线,结合具体的电子商务运营环境,从数据认识到实施数据分析的各个环节,全面而浅显地展现了数据分析的知识与技巧。由于涉及数据分析的知识点和分析工具较多,在知识内容与实操工具的选取上遵循"基础、易用"的原则,即使读者是数据分析新人也能跟随教材学习、实践。

除编写主线外,为使读者"身临其境"地感受电子商务数据运营,教材还以数据分析任务实施为辅线,把读者理解、掌握数据分析知识与技能作为教材编写的总体目标,贯穿于教材 5 个学习任务之中,以增强教与学的一体化、系统化,使"工学结合"理念切实与课堂教学内容相融合。

二、本教材的内容组织

全书共分为 5 个任务,分别是认识数据、数据分析与应用流程识读、数据准备、数据分析和数据价值展现。任务一通过解读网站、网店、微信等运营项目的数据,引导读者了解电子商务活动中的数据概况。任务二完整而清晰地展现了数据分析的一般流程。任务三通过数据采集与处理的操作实践,使读者能形象、直观地了解数据准备工作。任务四以阐述常用数据分析方法和实用数据分析工具 Excel 为内容，展现了数据驱动下的运营细节。任务五为 Excel 图表绘制技巧的应用，并通过撰写数据分析报告技巧展现数据分析价值。

三、编者说明

编者尝试以任务驱动方式引导读者在电子商务运营过程学习数据分析。编者在编写教材时有意识地划分出教师与学生两个角色，但教与学实则为一个整体，还应该强调教学相长。教材每个任务均编写了"任务描述"和"知识准备"，作为单元教学的引入与铺垫。结合电商项目运营与数据分析实践，对教材中"任务实施""教师演示""学生演练"等部分进行编排，并创设"学习性工作任务单"以辅助记录教学效果，促进教学交流。

本教材在编写过程中，重庆大学邵兵家教授、重庆电子工程职业学院黄志平教授、重庆仙桃数据谷冉龙先生、重庆芝诺大数据分析甄少明先生提供了宝贵建议与意见。也得到了家人对编写工作的理解和鼓励。在此，由衷地表示感谢。

教材内容借鉴了部分公开出版物和大量的网络资料，由于编写体例限制，不便在书中一一注明出处，仅有在参考资料中详细列出，并在此对所有引用资料的作者表示感谢。

由于编者水平的局限以及商业数据分析的不断发展，本教材难免存在疏漏和不妥之处，欢迎各位读者、同仁指正。

编　者

2018 年 10 月

目 录

任务一
认识数据

【任务描述】

通过对网站、网店、微信等运营项目的数据分析及其相关资料的展示,认知电子商务活动中的数据概况。理解电子商务中各种数据在描述经营现状、诊断存在问题、预测市场趋势、佐证运营方案等方面的分析价值。

【知识准备】

1. 理解数据

数据是什么?在这个被数据化的时代,无论有没有感觉到数据的存在,数据都客观存在。今天心脏跳动多少下?记忆了多少个英文单词?跟朋友通话多少分钟……无论你有没有准备好了解数据的秘密,商业社会已水到渠成般地开始编织数据之网。随着计算机运算能力的提升,互联网思维的扩散,数据形式的各类信息网络传播速度增长惊人。与其某一天突然发现自己淹没在 5V 数据(Value:低价值密度,Volume:大量,Velocity:快速,Variety:多样,Veracity:真实)中显得那么无知,不如现在一起踏上探寻数据宝藏之旅。本书主要讨论电子商务领域数据分析问题,所称"数据"如无特别说明均指"电子商务数据"。

电子商务可以通过数据形成事实性的活动记录,以此展现客观性的业务状态。可以把"电子商务"简单地表述为:商务活动的数字化,但绝不能这样理解"电子商务"。因为人们不是为了理解数据而理解数据,而是希望通过数据观察现象、提出问题,在探知原因的过程中不断试错,通过数据分析驱动商业活动的升级。因此不仅需要识别数据的"形",还要理解数据的"神"。

数据的"形"是指数据的表现形式,说形象一点就是数据长什么模样。观察、思考电子商务中产生的各种数据,将已经存在或者可能需要的数据列举出来,可以得到很长很长的列表。列表中的每种数据会随着商务活动的运行生成文本型数据和数值型数据。除了这些,图像、声音等能在计算机中用来描述事物的记录都是数据的表现形式。

理解数据的"神"是指清晰地认识到数据分析对数据有什么要求。做分析工作之前往往需要收集、整理数据,如果不清楚需要什么数据就开始分析工作,即使手中有大量数据也仍然迷茫,不知从何下手。在电子商务实践中引入数据分析工作是训练数据理解能力的有效形式。为了理解数据,并通过数据形成通向未知世界的路,人们不仅要严谨负责、逻辑清晰地对待数据,还要充满好奇、勇于创新地探索数据。

2. 数据价值

数据价值从何而来?原始数据通过数据采集可以获得,但它并不自动产生价值。原始数据好比原油,原油需要精炼才会变成有用的石油。同样的道理,数据需要通过各种方式的提炼、加工才能挖掘出它的价值,发挥它的功用。原始数据不是什么21世纪的创造发明,发现数据价值却是一个揭示数据新含义、创新数据新用途的系统工程。

数据如何产生价值?把数据输入分析工具,价值生成就完全用机器代劳了吗?如今的BI(Business Intelligence)还没有达到如此阶段。数据因连接了"分析"和"商业"才会产生价值,这理性地说明了数据是产生价值的基础。要让数据产生价值,首先要明确数据分析的具体目的,这需要从一个问题或者观点着手。然后审核手中的数据是否具备了达到目的的可能性,这很可能是一个多次反复验证、修改的过程。即使循环往复地工作,只要围绕着分析的具体目的进行,最终数据就会产生价值。

3. 学习前的自我剖析

不积跬步,无以至千里;不积小流,无以成江海。数据价值的变现同样遵循这个定律。在学习数据分析之前你需要问自己:

①我希望成为一个做事严谨的人吗?我可以像医生寻找病人症结一样认真地收集数据吗?我可以像侦探调查案件事实一样细心地分析数据吗?只有严谨负责的态度才能使数据客观、公正地体现价值。因此,严谨负责对于学好数据分析至关重要。

②我有没有强烈的好奇心?这一点主要取决于先天条件,人人都有好奇心,但求知欲的强烈程度却有不同。数据分析的学习不仅仅是数据分析工具的掌握,更应该是对数据价值的探索。

③我的逻辑思维清晰吗?如果你平时说话条理清晰,不仅关注电子商务,还偶尔写写相关评论。那么恭喜你,你将在数据分析学习之路上找到很多志同道合的朋友。虽然数据分析的取经路上艰难险阻不计其数,你也不会半途而废。

④我反感模仿吗?自己先学习数据分析的理论知识,然后不断练习。怎么练习?要靠模仿。模仿是快速获得学习成效的方法。例如参考前辈们的分析思路、方法原理,模拟一下经典案例。不模仿,怎么能将这些知识精华予以吸收、转化为自己的实用技能呢?所以"致敬模仿",非"止步模仿"。

⑤我能够将创新付诸实践吗？任何领域要有所作为都离不开创新,没有创新拿什么"致敬模仿"？只有创新才能提高分析水平;只有创新才能揭开事实的真相;只有创新才能挖掘数据价值。

【任务实施1】

认识数据之网站数据

"美丽说"是目前国内大型女性社区时尚媒体,成立之初即开创"内容—社区—导购"的新模式,快速吸引了上千万年轻时尚爱美的女性用户,成为中国年轻女性青睐的时尚风向标。

1)网站术语与度量基础知识

(1)Visit

Visit 表示"访问",如果数据分析工具对 Visit 的定义不同,那么相同的"访问"行为会得到不同的数据结果。例如:数据分析工具定义 1 个 Visit 是一系列在网站上的点击鼠标的动作,且两个点击网站页面超链接的时间不能超过 30 min。如果两次点击间隔 20 min,就记录 1 次 Visit。如果两次点击时间间隔 35 min,就记录 2 次 Visit。

(2)UV

UV 是 Unique Visitor 的简称,意思是唯一的访问者。UV 在网站数据分析里面是非常重要的一个 Metric(度量),也是一个重要的 KPI(Key Performance Indicator,关键性能指标)。

举例说明 UV 的重要性。例如:数据分析工具记录了访问某网页的访问记录有 10 次,即 Visit=10 次,UV≤10 人。同一个访问者登录某网页浏览后关闭了浏览器,过了一段时间再回来,打开收藏夹,又打开同一页面看了一会儿,工具会记录 Visit=(1+1)次,UV=1。例子中 UV 的准确表达式: $0<UV\leqslant10(UV\in Z)$ 。

(3)PV

PV 是 Page View 的简称,译为页面浏览,是可以被量化的。PV=1 的通俗解释为:网络服务器接到来自浏览器发出的一个浏览页面的 Request(请求)之后,会开始把该 Request 对应的一个 Page(网页)发送到客户端的浏览器上。一般来说,只要浏览器发出 Request,无论有没有成功下载这个网页,PV 都被记录一次。

(4)Bounce Rate

访问者从其他网站开始访问美丽说网站,进入的第一个页面称为 Enter Page,Enter Page 逐渐打开,如果没有完全打开(下载完毕)就被访问者关闭,美丽说网站的分析数据里面就记录一次 Loss(丢失)。Bounce 是指浏览器下载完 Enter Page 进入美丽说网站后,却没有用鼠标点击 Enter Page 上面的任何 Link(链接),就关闭了它。从网站数据分析角度讲就是 Bounce+1。简单来说,如果成功进入一个网站,却没有点击该网站上的任何链接,那么就为这个网站创造了一个 Bounce。

Bounce Rate 是指对某个网站的访问中,Bounce 掉的访问占总访问数量的百分比。计算的方法一般使用 Visit 来计算。即 Bounce Rate=Single Page Visits/ Total Visits(只浏览了一个页面的访问/全部的访问)

Bounce Rate 是非常重要的,它可以反映网站对于访问者吸引力的强弱。更重要的是在网络营销效果分析方面它极具说服力。即使把访问者都引导进入宣传产品或品牌的网站上,如果访问者都 Bounce 掉了的话,Bounce Rate 将接近 100%,将是非常可怕的事情。因为这意味着网站的访问者都跑掉了,所以 Bounce Rate 有一个贴切翻译"蹦失率"。

(5)Homepage 与 Landing Page

大多数互联网的冲浪者都知道网站首页,那就是一个网站提纲挈领的"门面页",网站分析中将其称为 Homepage。一个网站最终都是以页面(Page)的形式显示。即使这个网站背后有很大的数据库,以及极为复杂的程序,最终表现给访问者的一定都是一个一个互相链接(Link)的 Page。

如果说 Homepage 是从网站本身产生的一个概念,那么 Landing Page 就是关于网络广告或者网上网站推广的一个概念。例如:某网站有 A、B、C 3 个页面,现在你要推广这个网站,因此你做了 2 个 banner(可以链接的图片广告),一个是 a,一个是 b,分别放到搜狐和新浪上。其中,a 直接链接到你网站的 A 页面,b 则直接链接到 B 页面。这样,A 相对于广告 banner a 而言,就是它的 Landing Page。同样,B 是 b 的 Landing Page。除了 banner,对于花钱竞价的搜索引擎关键词也同样存在 Landing Page,道理是完全一样的,只是这时候的 Landing Page 是对应于关键词的,而不是对应于 Banner 的。

(6)Impression、Click 与 CTR

电子商务网站数据分析所指的分析对象可以是网站本身,还可以是与网站相关的网络营销活动。因为让互联网用户访问网站是目的,而网络营销则是激发用户访问网站的手段。只分析目的而不看手段,不可能达到分析的目的。

Impression 的意思是"显示",网络营销中一个广告被显示了多少次,"显示"就计数多少。比如,你打开"美丽说"的一个页面,这上面的所有广告就被"显示"了一次,每个广告增加 1 个 Impression。如果你刷新这个页面,所有的广告就又增加 1 个 Impression,每个广告总计增加 2 个 Impression。

Click 是指互联网用户点击某个广告的次数,无论用户是真正想点击还是误点击了,也不管弹出的新页面有没有全部打开,总之 Click 一下算一下。

很少单纯用 Impression 和 Click 做分析,但它们是很多更复杂分析的基础,CTR 就是其中之一。一般而言,Click 比 Impression 要小很多,原因不言而喻。因此,把某个广告的实际被点击(Click)的数量除以它的 Impression 的数量,就是 Click Through Rate,译为"点击通过率",或简称"点击率"。

CTR 计算公式:CTR = Click/Impression

如果一个广告的 Impression 是 100 次,被点击了 1 次,那么 CTR 就是 1 个 Click 除以 100 个 Impression,即 CTR = 1%。一般网站的 CTR 在千分之几的数目上徘徊,即 1 000 个 Impression 才可能产生几个 Click,而且其中还可能有误点击的。

(7) **Engagement**

Engagement 是网站数据分析中唯一一个存在不确定性的度量,译为"交互度"。顾名思义,"交互度"衡量的是访问者和网站的交互程度。一般认为,访问者对电子商务网站提供的服务做出某些能被网站感知的反应的行为,在网站数据分析中这些行为被认定为"交互"。交互的类型包括但不限于:

①访问网站、收藏宝贝、分享链接、点击链接,访问下一个页面;

②宝贝放入购物车、下单支付;

③在线咨询、提交留言、参与调查;

④进入互动游戏(如 Flash 形式的游戏);

⑤取消订单。

你会看到,所有上面的这些交互行为都有一个共性,那就是用户必须做点儿能让网站感知的事情,使网站与用户之间产生"互动"。Engagement 是上面这些行为的总称,并且还可以继续根据用户的消费心理和行为扩充。Engagement 作为一个度量,就是衡量网站和用户之间交互的整体情况,而不是分别衡量网站的各个交互类型。

如果用一个数量来衡量 Engagement,则称这个数量为 Engagement Index,即"交互度指数"。如何得到一个网站的 Engagement Index,举一个计算某网站某页面的用户 Engagement Index 的例子,从而发现用户在这个页面上的参与度究竟如何,如图 1-1 所示。

图 1-1 网站交互度指数计算

具体过程如下所述。

第一，首先考虑"美丽说"首页的不同交互，哪些是你认为重要的，哪些是次重要的，哪些是不重要的。假设存在一个在线营销活动，我们最希望首次访问网站的用户点击 E 区，访问"广告活动"页面。其次，我们希望用户尽量注册我们的网站，也就是 C 区，然后我们希望用户登录，即 B 区。再次，我们希望用户尽量能够扫二维码下载"美丽说"手机客户端，即 A 区。最后，我们希望用户根据商品类目点击访问 D 区，继续留在网站内浏览商品。虽然点击 D 区的价值没有前述行为那么大，但至少提升了 PV。这样，我们就有了一个图景：首访用户访问的价值从大到小依次是：E>C>B>A>D。

第二，为不同的价值互动区域赋以不同的权重（Weights）。既然，我们认为对 E 区的访问是最有价值的，那么我们就为每个点击 E 区的行为赋 5 分。点击 C 区的行为赋值 3 分，单次点击 B、A、D 区域的赋值分别为：2 分、1.5 分、1 分。除了 A、B、C、D、E 区域外，还有其他可以点击访问的链接，但是我们认为它们对这次营销活动意义不大，因此不赋分数。

第三，假设 24 小时更新网站统计数据（这里主要指网站首页 A、B、C、D、E 区域的点击次数），点击 A、B、C、D、E 区域的次数依次为：A＝1 000，B＝2 500，C＝10 000，D＝200，E＝50。将各区域的点击次数与各自的权重相乘，然后再相加，得到的总数即是 Engagement Index。Engagement Index＝1 000×1.5+2 500×2+10 000×3+200×1+50×5＝36 750。

第四，与具有可比性的数据进行比较，例如：其他的营销活动数据，或者历史数据相比较，就能够说明这一次网站开展营销活动互动情况的效果。

Engagement 作为一个非常特殊的度量。第一，它是一个复合度量，即权重和访问的乘积，然后求和；第二，它并不是放之四海而皆准的度量，根据不同的营销目的或网站，其度量规则一般都是不同的。

2）网页技术基础知识

（1）HTML 简介

HTML 是 Hyper Text Markup Language 的缩写，译为超文本标识语言，是一种广泛应用于 Internet 网页制作的标记语言，也是描述网页内容和外观的标准。HTML 文档是由 HTML 标签组成的描述性文本，可以标识文字、图形、动画、声音、表格和链接等。

（2）HTML 结构

使用 HTML 标签编写的文档称为 HTML 文档，一般包含两个部分：头部区域和主体区域。HTML 文档基本结构由 3 个标签负责组织，即<html>、<head>、<body>。其中<html>标签标识 HTML 文档，<head>标签标识头部区域，而<body>标签标识主体区域。一个完整的 HTML 文档基本结构如图 1-2 所示。

每个标签都是成对组成的，第一个标签（如<html>）表示标识的开始位置，而第二个标签（如</html>）表示标识的结束位置。<html>标签中包含<head>和<body>标签，并且<head>和<body>标签是并列排列的。如果把图 1-2 中的字符代码放置在文本文件中，然后另存为"test.html"，就可以在浏览器中浏览了。

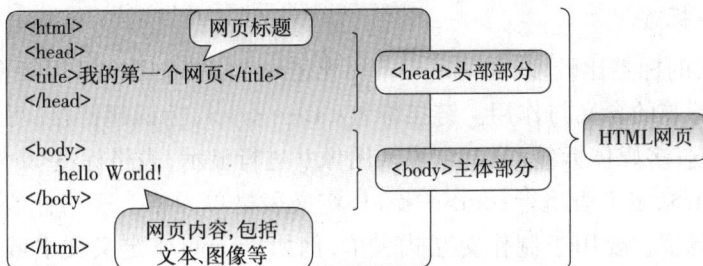

图 1-2 HTML 文档基本结构

(3)HTML 语法

HTML 文档是一个文本文件,它由标签和信息遵循一定的组合规则混合组成,否则浏览器是无法解析的。标签包含的内容称为网页元素,网页文档就是由元素和标签组成的容器。所有的标签都包含在"<"和">"中,例如:<style>、<head>、<body>和<div>等。在起始标签之间包含的是元素主体,例如:<body>和</body>中间包含的就是网页内容主体,如图1-3 所示。

图 1-3 HTML 文档网页内容主体

起始标签包含元素的名称以及可选属性。元素的属性包含属性名称和属性值两部分。例如:<div id = " topbar" style = " height:31px">,如图 1-4 所示。

图 1-4 HTML 文档起始标签包含的元素

（4）HTML 标签

HTML 定义的标签比较多，在使用中不用死记硬背，随着阅读运用频率的增加，相信能够理解这些标签的含义与作用。链接标签<a>…</a>，标识超链接，可以实现把多个网页联系在一起；多媒体标签<img/>，嵌入图像并进行显示；表格标签<th>…</th>，定义表头；<tr>…</tr>，定义表格行；<td>…</td>定义表格单元格。表格标签用来组织和管理数据。表单标签主要用于制作交互式表单，例如：<input/>定义文本域、按钮和复选，<textarea>…</textarea>定义多行文本框，<select>…</select>定义下拉列表，<option>…</option>定义下拉列表中的选择项目，部分标签如图 1-5 所示。

```
▼<div class="flist">
    <h4>买家帮助</h4>
    <div>
        <a href="http://www.meilishuo.com/helpcenter/noviceGuide/" target="_blank">新手指南</a>
    </div>
    <div>
        <a href="http://www.meilishuo.com/helpcenter/serviceEnsure/" target="_blank">服务保
障</a>
    </div>
    <div>
        <a href="http://www.meilishuo.com/helpcenter/helpCommon/" target="_blank">常见问题</a>
    </div>
    <div>
        <a href="http://www.meilishuo.com/helpcenter/risk/" target="_blank">风险监测</a>
    </div>
</div>
```

图 1-5　HTML 文档标签

（5）HTML 属性

HTML 元素指的是从开始标签（start tag）到结束标签（end tag）的所有代码。HTML 元素包含的属性众多，仅就部分公共属性进行最简要介绍。基本属性主要包括：class、id、style 3 个，这 3 个基本属性大部分元素都拥有。语言属性主要用来定义元素的语言类型，包括：lang、dir 2 个。键盘属性定义元素的键盘访问方法，包括两个属性：accesskey、tabindex。内容属性定义元素包含内容的附加信息，这些信息对于元素来说具有重要补充作用，避免元素本身包含信息不全而被误解，它们分别是：alt、title、longdesc、cite、datetime，部分元素属性如图 1-6 所示。

```
▶<div class="flist service">…</div>
▶<div class="flist last" style="float:left;">…</div>
▶<div class="record">…</div>
```

图 1-6　HTML 元素属性

（6）JavaScript

JavaScript 的缩写是 JS，它是一种脚本语言，不是一种工具。实际运行所写的 JS 代码的软件是环境中的浏览器，JS 依赖于浏览器本身，与操作环境无关。只要能运行浏览器的计算机，并支持 JavaScript 的浏览器就可以正确执行。JavaScript 通过浏览器实现信息浏览或动态交互，但它不允许访问本地的硬盘，而且不能将数据存入服务器，不允许对网络文档进行修改和删除，这样可以有效地防止数据的丢失，因此非常安全。

JavaScript 与编译性 Java 语言不同，是 Web 开发中基于对象的一种脚本语言。"基于对象"是相对于"基于过程"而产生的概念。"基于过程"和"基于对象"的主要区别是："基于过程"没有办法重复使用，"基于对象"可以重复使用。

这里举个比较简单的例子说明。1+2+3 这就是一个过程,计算结果是6。当改为4+5+6,前面的过程 1+2+3 没有办法重复使用,又要重新写代码。a+b+c 命名为 A(a,b,c)对象,A 是对象名,a,b,c 分别是对象的参数,a+b+c 是对象的主体,也称为对象的过程,它可以重复使用。A(1,2,3)这就是对象调用,结果是6,不需要写成 1+2+3。A(4,5,6)这就是对象调用,结果是15,不需要写成 4+5+6。为什么称为对象? 这是从英文 object 翻译过来的,我们可以理解为对象就是有相同过程的集合。

JavaScript 缩短传统的编写—编译—链接—运行(edit-compile-link-run)过程,可以直接嵌入在 HTML 页面中,把静态页面转变成为支持用户交互并响应相应事件(例如点击鼠标、移动窗口、选择菜单等就是一个个"事件")的动态页面。

使用 JavaScript 脚本实现的动态页面,在网站上随处可见。例如:JavaScript 可以在客户端对输入的数据进行验证。制作用户注册信息页面时,要求用户输入确认密码,如果"确认密码"与"密码"文本框中的信息不一致时,将弹出相应提示信息:用户名或密码错误,请重新登录,如图 1-7 所示。

广告窗口是网站的重要盈利方式,因此在打开网页时经常看到一些浮动的广告窗口。这也可以通过在<body></body>之间放入一段 JavaScript 代码来实现。对有一定 JavaScript 基础的人而言,要制作浮动广告是比较容易的。想进一步了解浮动广告是怎么做出来的,可以进一步学习 JavaScript 的详细内容,并自己亲手操作一下。

图 1-7 使用 JavaScript 脚本实现的动态页面

009

为了突出网页某个频道的显示内容常应用 jQuery。另外 jQuery 也可以实现选项卡的效果。jQuery 是 JavaScript 的一个代码库,或习惯性称为类库,它将一些在 JavaScript 开发中经常用到的功能集合起来,以方便开发者直接使用,而不需要再用原生 JavaScript 语句编写大量代码,同时可在不同浏览器间实现一致的效果,是当前较为流行的 JavaScript 库之一。

3)认识网站分析数据的体会

抱着认识网站分析数据的目的进行一个网站的概览,不再是闲庭信步般地东点点,西瞅瞅,而是从网站建设角度观察网站定位、Homepage 图文细节;从度量角度观察影响网站运营的各项因素;还要尽量收集、学习网页制作的技术要点。

在浏览网站的过程中我们更加形象、清晰地认识网站的定位。"美丽说"定位为白领女性快消费平台,帮助解决女性穿衣打扮、美容护肤问题,其核心用户是 23～30 岁的女性群体,Homepage 的整体风格充分彰显了网站的这一定位。Homepage 的"全部商品"提示网

站所有商品的分类,大版面地展示新品,以及大量商品图片宣传都直指定位的核心买家用户。整个网站多渠道聚集用户,Homepage 顶端充分运用"用户注册""登录""手机扫码下载客户端"等交互性设计,加强用户与网站间的互动。网站的首页充分体现了它是根据年轻女性爱美需求量身打造的购物类网站。

从运营的角度观察"美丽说"网站,将提出一系列用户行为数据的疑问。网站的 Visit 与 UV 值分别是多少?为什么会形成差异?UV、PV 怎么定义?通过 UV 与 PV 的对应关系可以对用户进行细分吗?后台统计功能可以记录新老用户每次来到"美丽说"的 Landing Page 吗?不同 Landing Page 的 Bounce Rate 对比情况如何呢?可以查看每日注册用户的增量吗?这些增量中有多少来自站外投放广告的引流呢?Impression、Click 怎么计算?CTR 多少?广告投放成本又是多少呢?能接触的网站用户就是学习者最好的用户研究对象,越多人参与学习意味越多有关 Engagement 的样本。可以设定一套 Engagement 指数计算方案,进行统计计算。

"美丽说"就是年轻女性专属的购物中心,它的页面好比购物中心的一个个展位空间。网站运营人员一定想知道:如何呈现网页才能更好地吸引用户?解答这个问题需要学习 web 前端开发基础技术:HTML、CSS、JavaScript 语言。简单说,HTML 是网页内容的载体。内容就是网页制作者放在页面上想要让用户浏览的信息,可以包含文字、图片、视频等。CSS 样式是表现,就像网页的外衣。如标题字体、颜色变化,或为标题加入背景图片、边框等。所有这些用来改变内容外观的东西称之为表现。JavaScript 是用来实现网页上的特效效果,如鼠标滑过弹出下拉菜单,或鼠标滑过表格的背景颜色改变,还有焦点新闻(新闻图片)的轮换。可以这么理解,有动画的,有交互的一般都是用 JavaScript 来实现的。如果作为网站运营人员对这 3 门技术一无所知的话,现在赶快去"美丽说"网站上去寻找并感受一下它们的魅力吧。

010

【教师演示】

1. 演示目的

认识数据的目的是较客观地分析数据记录下的电子商务。希望通过对"美丽说"网站的粗略分析,将网站分析这门非常新的学科引入电子商务数据分析学习者的视野,使学习者形象认知网站数据分析。

2. 演示内容

演示内容见表 1-1。

表 1-1　认识数据的演示内容

序　号	演示内容(建议)	演示说明	时　间
1	认识网站分析的对象	(1)明确分析的具体目的(例如:"美丽说"网站特色) (2)浏览网站,熟悉网站结构与内容(时间允许的情况下尽量注意细节) (3)画出 side map(可以是网站的粗略结构) (4)画出浏览路径(尽量详细)	
2	认识网站分析的数据	(5)注册信息 (6)搜索关键词 (7)访问时间(本次)、访问间隔(本次与上一次访问该网站的时间间隔)	
3	认识网站分析的技术概念	(8)HTML 基本的概念和元素 (9)脚本语言基础(例如:JavaScript)	

【学生演练】

1. 演练要求

①学习者自由选定喜欢的网站,以网站特定身份进行角色扮演,观察该网站半小时,使用电脑屏幕自动录播软件记录自己的上网行为。

②查看浏览网站的影像资料,根据影像资料使用网站分析中 UV、PV、Langding Page 等度量数据,解释网上购物行为。

2. 演练提示

①开始进入网站观察前,请学习者明确自己扮演的角色,如游客、新注册用户、老用户。在浏览时间段内尽力保持浏览行为与所选角色匹配。

②建议使用电脑录屏软件记录浏览网站的过程,调适软件录播效果后再正式进行演练。

③明确并牢记演练的目的,以加深对网站数据的理解。演练时请学习者不要动摇设定的演练目的,如有关于演练的建议与意见可以按照演练要求完成演练后提出。

学习性工作任务单

任务名称:认识数据之网站数据分析　　　　　　　　　　　制订时间:

小组成员:

学习目标转化

根据【学生演练】的要求与提示,参考【教师演示】的内容,将学习目标转化为工作任务目标。

工作任务分解

围绕工作任务目标,明确并细化工作任务。

任务完成进度

完整记录工作任务完成进度。

学习成果

简单描述完成工作任务后的学习收获。

疑难知识

简单描述学习过程中的遇到的困难。

指导记录

导师点评、答疑、教学反思。

【任务实施2】

认识数据之网店运营指标

（1）UV

UV 意思是"店铺访客数"，是指通过互联网访问某个店铺的人数。一般一个独立 IP 地址 24 小时内访问一个店铺只能产生一个 UV。这与【任务实施】认识数据之网站数据分析中 UV 的含义基本一致。但由于各种动态 IP 和虚拟 IP 技术，同一 IP 地址背后可能存在数个 UV，所以如果数个访问店铺的行为对应的 IP 相同，不能判断这些访问行为属于同一个人。

（2）PV

PV 意思是"网页浏览量"，是指通过互联网浏览网页的次数。一个独立 IP 地址浏览店铺的不同页面可以产生多个 PV。例如：淘宝买家进入淘宝店铺首页后，看了 10 个不同的宝贝，且每个宝贝有 1 个页面，该淘宝买家对这个淘宝店铺产生了 11 个 PV（首页 PV 和 10 个宝贝的 PV）。注意：弄清楚 PV 所衡量的范围非常重要，这里的 PV 强调量化淘宝买家浏览店铺页面的情况，与本书【任务实施】认识数据之网站数据分析中的 PV 范围不同。

通常在网站数据分析中，PV 是指"一个页面"。网店数据运营中，PV 是指"宝贝页浏览量"。宝贝页浏览量是指宝贝详情页被查看的次数，当淘宝买家打开或刷新宝贝详情页面，宝贝页浏览量就会增加。

（3）Clicks Ratio

Clicks Ratio 意为"点击率"，是指淘宝买家在浏览到某店铺宝贝并点击进入店铺的次数与总浏览次数的比例。宝贝的点击率越高，证明店铺的宝贝对买家的吸引力越强。注意：它与本书【任务实施】认识数据之网站数据分析中的"点击率"（CTR）的含义完全不一样。

（4）Bounce Rate

Bounce Rate 意为"蹦失率"，指淘宝买家通过相应的入口访问店铺，只访问了一个页面就离开的访问次数与该页面的总访问次数的比例。注意：这里的"离开"强调离开"店铺"，与本书【任务实施】认识数据之网站数据分析中的 bounce 含义不同。

注意：数据分析中的各项指标都需要事先定义，相同或相近指称的指标（如蹦失率、跳出率）在不同环境下的定义可能不完全一样，更多时候只是近似而已。用严谨的态度对待每一个电子商务数据分析指标才能修炼好数据分析基本功。

（5）访问深度

访问深度是指淘宝买家一次性浏览店铺页面的页数，可以用 PV（店铺浏览量）/UV（店铺访客数）的比值来表示访问深度。一般来说比值越高，店铺粘黏性越强，用户体验越好，运营状态越佳。

（6）收藏数

收藏数是指淘宝买家收藏淘宝店铺或者商品的数量。某一店铺被越多买家收藏,店铺的收藏数量越高,表示买家对店铺越感兴趣。某件商品被越多买家收藏,宝贝的收藏数量越高,表示买家对这件商品越感兴趣。

（7）Conversion Rate

Conversion Rate 意为"转化率",代表从流量转化为实际销售的能力。它并不是一个固定的指标,对网店运营中设定的不同转化目标,"转化率"的含义都不一样。如图1-8所示,定义店铺的下单转化率是指某个统计时间内(如一天)最终下单买家数/访客数,下单访客数(UV)与店铺访客数(UV)的比值,即来访客户转化为下单买家的比例。而店铺的成交转化率定义为支付成功的访客(UV)与店铺的访客数(UV)。总之,转化率衡量的是买家选购宝贝时从一种状态转化为下一种状态的比例关系。

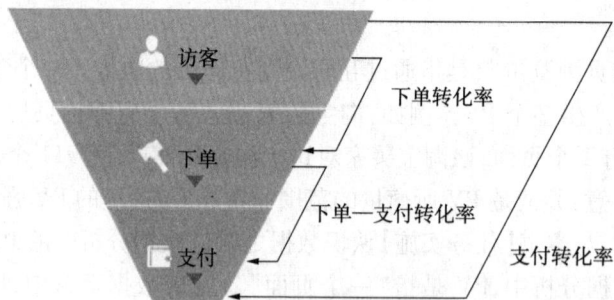

图1-8　店铺运营中的转化率

（8）ROI

ROI 是 Return On Investment 的简称,意为"投资回报率"。ROI 的计算公式:ROI = 利润/投资总额×100%。"利润率"容易与 ROI 混淆。利润率分为成本利润率、销售利润率以及产值利润率。这里详细解释一下成本利润率。

利润是指包括收入与成本的差额,以及其他直接计入损益的利得和损失。如果 P 代表利润,K 代表商品成本,W 代表收入,那么利润的计算公式:$P = W - K$。

利润率是指利润值的转化形式,如果用 P' 代表利润率,那么利润率的计算公式:利润率 $P' = (W - K)/K$。

（9）GMV

GMV 全称为 Gross Merchandise Volume,意为"毛销售量",实际就是销售流水。销售流水不等于店铺最后的收入,店铺最后的收入包括:1 销售额+2 取消订单金额+3 拒收订单金额+4 退货订单金额。一般 GMV 就是 1 销售额,只要顾客下了订单,生成订单号,就计入 GMV 值。而这个订单转化为店铺最后的收入还会有一些流失量。买方下单以后后悔了,便取消了订单;订单货物送达,买家因各种原因拒收订单;签收订单货物以后又办理退货等情况都会对店铺最后的收入值产生影响。另外,不同的电商平台对 GMV 的定义存在差别,因此需要根据平台对 GMV 的定义理解 GMV 值。

【教师演示】

1. 演示目的

网店作为电子商务的一种重要表现形式已经和人们的生活息息相关，甚至有时已经成了"电子商务"的代名词。对于店主而言，认识网店运营数据无疑是运用数据进行分析和决策的必要条件。本任务以淘宝店运营数据为素材，通过对流量获取、转化率提升、利润计算等网店数据分析知识的介绍，扩大学习者对电子商务数据的认知范围。

2. 演示内容

虽然网站与网店都以若干"网页"和"链接"组成，但是以淘宝店为代表，网店数据分析与网站数据分析的内容和方式有很大不同。这里仅从流量结构分析、转化率分析、利润分析 3 个方面对运营网店产生的各种数据进行粗略介绍。

表 1-2 认识网店的演示内容

序 号	演示内容（建议）	演示说明	时 间
1	流量结构分析	（1）观察淘宝店铺的流量构成（卖家中心—生意参谋—流量概况） （2）分析流量结构形成的原因	
2	转化率分析	（3）观察转化率漏斗模型（卖家中心—生意参谋—交易概况） （4）分析影响转化率的因素	
3	利润分析	（5）了解淘宝店铺的财务指标（卖家中心—生意参谋—财务概况） （6）理解财务计算公式	

【学生演练】

1. 演练要求

①学习者认识淘宝店铺数据分析工具——生意参谋。

②先独立理解工具中展现的流量概况、交易概况、财务概况中的各项指标的含义。再

根据生意参谋工具中的指标注释修正先前对各项指标含义的理解,并填写表1-3。具体请查看淘宝卖家中心—生意参谋—数据学院—帮助中心。

③根据表1-3内容,观察任意3个卖家生意参谋中的数据,提出1~3项优化数据的建议。

表1-3 指标理解

指标编号	指标名称	学习者独立理解指标含义	生意参谋官方版指标注释	修正理解
1	访客数			
2	浏览量			
3	跳失率			
4	人均浏览量			
5	平均停留时长/s			
6	客单价			
7	详情页跳出率			
8	下单买家数			
9	支付买家数			
10	下单转化率			
11	淘内免费访客占比			
12	店铺新访客占比			
13	营业收入金额			
14	营业成本金额			
15	营业利润金额			
16	营业利润率			

2. 演练提示

①明确并坚信演练的目的:加深对网店数据的理解。学习者可以按照演练要求完成演练并提出意见与建议,但演练时请不要动摇设定的演练目的。

②请学习者以店主身份→进入生意参谋→流量概况。在流量概况页面中找到表格中的指标,并完成表1-3。

③请学习者以店主身份→进入生意参谋→交易概况。在交易概况页面中找到表格中的指标,并完成表1-3。

④请学习者以店主身份→进入生意参谋→财务概况。在财务概况页面中找到表格中的指标,并完成表1-3。

学习性工作任务单

任务名称:认识数据之网店运营指标　　　　　　　　　　制订时间:

小组成员:

学习目标转化

根据【学生演练】的要求与提示,参考【教师演示】的内容,将学习目标转化为工作任务目标。

工作任务分解

围绕工作任务目标,明确并细化工作任务。

任务完成进度

完整记录工作任务完成进度。

学习成果

简单描述完成工作任务后的学习收获。

疑难知识

简单描述学习过程中遇到的困难。

指导记录

导师点评、答疑、教学反思。

【任务实施3】

认识数据之公众号平台统计数据

"微信公众号"的账号分类中比较成熟,被大众熟悉的产品包括"服务号"和"订阅号"。"服务号"能提升企业和组织的业务能力和用户管理能力,"订阅号"能提供媒体和个人构建与读者之间的有效沟通和管理模式(这里我们将"服务号"和"订阅号"简单统称为"公众号")。再小的组织和个人若希望建立自己的品牌都可以借助公众号进行低成本的品牌运营。公众号运营期间微信后台将逐渐累积各种数据。图1-9为微信数据后台(公众平台统计功能)常见主要数据。

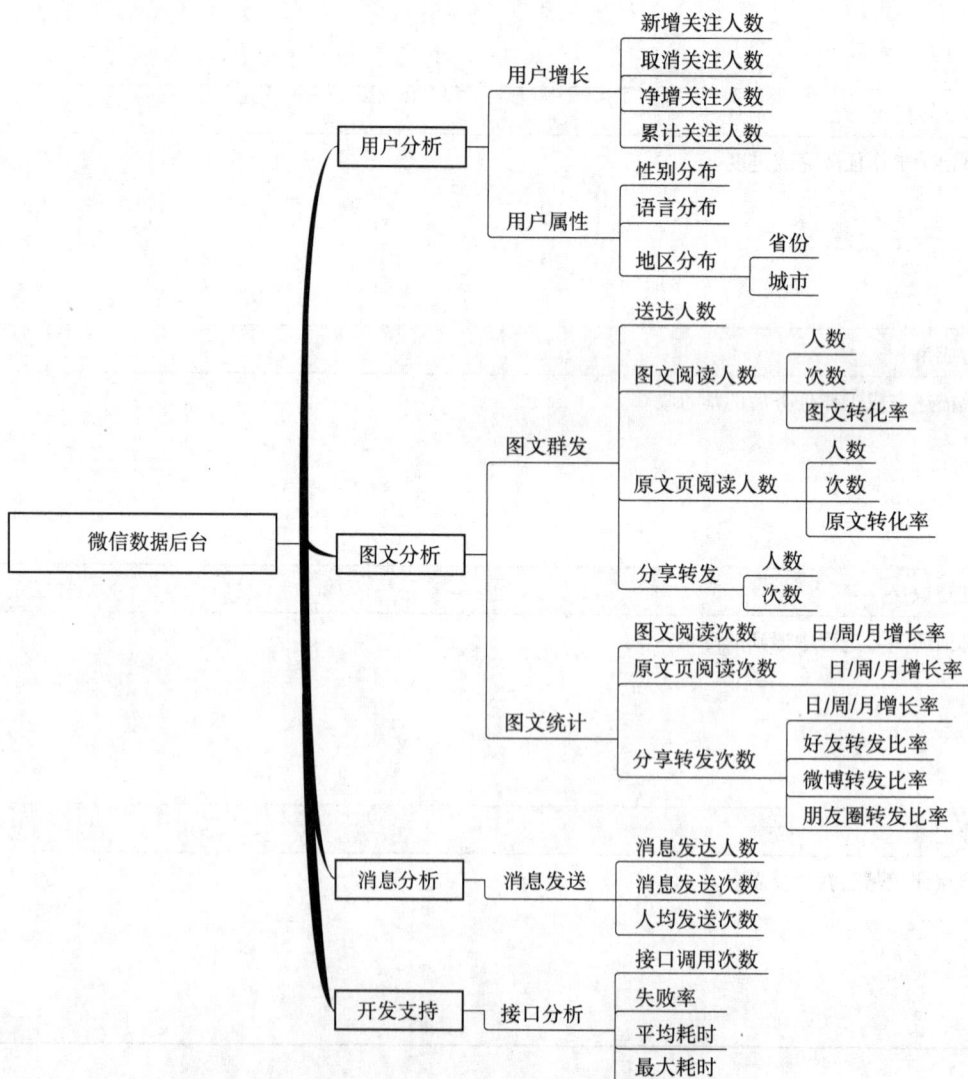

图1-9　微信公众平台统计数据概览

1）公众平台统计功能用户分析模块介绍

（1）用户分析模块查看方法

在微信公众平台→统计→用户分析→用户增长/用户属性，即可查看粉丝人数的变化/当前公众平台粉丝的分布情况。

（2）用户增长说明

在微信公众平台→统计→用户分析→用户增长，可查看粉丝人数变化情况，如图1-10所示。

图1-10　微信公众号查阅微信用户增长情况

①昨日关键指标模块：针对昨天的关注人数变化，以及与前天、7天前、30天前进行对比，体现为日、周、月的百分比变化。

②关键指标详解趋势图：可选择7、14、30天或某个时间段的关注人数变化，也可以选择按时间对比。

③用户增长指标说明见表1-4。

表1-4　用户变化

指　　标	说　　明
新关注人数	新关注的用户数（不包括当天重复关注用户）
增长来源统计	可按照全部来源、搜索公众号名称、搜索微信号、图文消息右上角菜单、名片分享、其他来源查看新关注人数（其他来源：通过二维码关注）
取消关注人数	取消关注的用户数（不包括当天重复取消关注用户）
净增关注人数	新关注与取消关注的用户数之差
累积关注人数	当前关注的用户总数

在微信公众号统计→用户分析→用户增长→下载表格，即可导出相应数据。

（3）用户属性说明

微信公众平台所有用户会按性别、语言、省份的分布情况进行统计，用户属性说明见表1-5。

表1-5　用户属性说明

用户属性	说　明
性别分布	按男、女和其他分类（指粉丝微信里的设置）
语言分布	按简体中文、繁体中文、英文、未知分类（指粉丝手机上设置的语言类型）
省份分布	按省份、未知城市分类（指粉丝微信注册 IP 归属地）
终端分布	查看用户使用的手机终端（图 1-11）
机型分析	针对使用的手机机型展示排名 TOP 前 10（显示 Apple-iPhone4；1，位数 4 指的 iPhone 版本，位数 1 指的是苹果公司内部版本号）

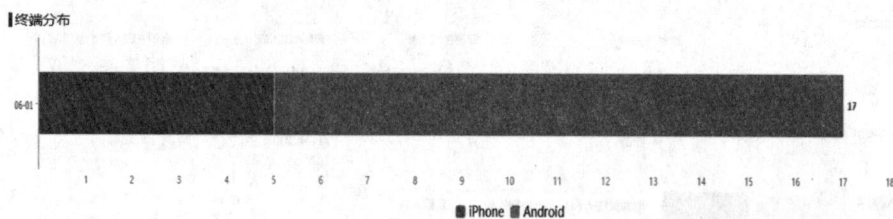

图 1-11　微信公众号用户属性的终端分布

（4）关键指标更新时间

每日数据统计截至 24 点，会在第二天 12 点前显示昨天的最新数据。由于服务器缓存，以及指标计算方法和统计时间的差异，数据可能出现微小误差。

2）公众平台统计功能图文分析模块介绍

（1）图文分析查看方法

在微信公众平台→统计→图文分析→图文转发，即可查看图文页及原文页阅读人数和次数。数据从2013年7月1日开始统计，可以选择日期查询2013年7月1日开始，某一个日期跨度的数据，数据会不断更新累积，建议可以将相关数据导出保存。

（2）图文群发

图文群发只统计当天群发图文。

①所有图文：可以选择选定时间内的图文，或者指定按标题搜索，会显示图文对应指标的数据。

②图文对比：将1个或者多个图文，点击"加入图文对比"，图文对比页就是把1个或多个图文排到一起来方便对比查看。也可以点击"立即去图文对比"转到图文对比页。

③图文群发指标说明见表1-6。

表1-6　图文群发说明

图文群发指标	说　明
送达人数	图文消息群发时送达的人数（若粉丝设置了屏蔽消息，则不计算在内）
图文页阅读人数	点击图文页的人数（不包括重复点击），包括非粉丝人数
图文页阅读次数	点击图文页的次数（同一粉丝重复点击计算在内），包括非粉丝的阅读
图文转化率	图文阅读人数与送达人数的比值
原文页阅读人数	点击原文页的人数（不包括重复点击），包括非粉丝
原文页阅读次数	点击原文页的次数（同一粉丝重复点击计算在内），包括非粉丝的阅读
原文转化率	原文页阅读人数与图文页阅读人数的比值
分享转发人数	转发或分享至朋友、朋友圈、微博的用户数（不包括重复转发分享），包括非粉丝分享或转发
分享转发次数	转发或分享至朋友、朋友圈、微博的总次数，包括非粉丝的分享或转发
图文页	粉丝收到消息后点击"查看全文"进入的图文消息页面
原文页	粉丝进入图文消息页面后点击"阅读原文"链接至原文地址

（3）图文详解

可查看图文消息的详细属性，和读者的属性数据。仅统计图文发送后7天内的数据，之前的数据将会被删除。

（4）图文统计

这里的"图文统计"指统计当天群发图文、之前群发图文、自动回复的图文的总和。

①昨日关键指标模块，会针对昨天的图文阅读、转发、分享次数变化，以及与前天、7天前、30天前进行对比，体现为日、周、月的百分比变化。

②关键指标详解趋势图,可选择7、14、30天或某个时间段的阅读人数、次数变化,也可以选择按时间对比,可查看:图文页阅读人数、图文页阅读次数、原文页阅读人数、原文页阅读次数、分享转发人数、分享转发次数。

③图文页阅读渠道,可按照渠道、会话、好友转发、朋友圈、腾讯微博、历史消息页、其他渠道查看图文阅读数据。

④微信收藏统计,查看每篇图文的收藏次数,或所有图文的每日总收藏次数。

在微信公众号统计→图文分析→导出Excel,即可导出相应数据。

(5)关键指标更新时间

每日数据统计截至24点,会在第二天12点前显示昨天的最新数据。由于服务器缓存,以及指标计算方法和统计时间的差异,数据可能出现微小误差。

(6)群发图文与图文统计的数据不一致

群发图文和图文统计的数据是不一致的。群发图文只统计当天"群发"图文消息的图文页阅读、原文页阅读、分享转发人数和次数。图文统计统计"所有"图文消息(包括:当天群发、之前群发以及自动回复的图文消息)的图文页阅读、原文页阅读、分享转发人数和次数。

(7)图文分析统计数据中阅读途径显示"其他"的问题

图文分析统计阅读渠道"其他",是指除朋友圈、会话、好友转发、腾讯微博、历史消息页以外的途径,比如少量用户通过旧版本访问阅读等,若需要推广图文消息,可以参考"其他"以外渠道。

(8)图文分析模块中不显示的数据

图文分析模块不显示群发商品消息数据。公众平台图文分析数据只针对图文消息做统计,若是图文群发的商品消息是不会有统计的。

(9)微信手机客户端阅读次数和图文统计页面有较大差异

由于微信手机客户端展示的阅读次数,和图文统计页面阅读次数的计算方法略有不同,因此两者数值也可能不一样。微信手机客户端展示的阅读次数统计在手机上打开的情况,图文统计页面阅读次数除了手机阅读,还包括微信网页版阅读及其他渠道的阅读次数。

(10)图文分析页面送达人数和已群发消息发送成功人数数据不同

登录微信公众平台图文页面送达人数统计中不包含微信手机端设置了不接收消息的用户,因此会少于已发送页面显示的发送成功人数。

3)公众平台统计功能消息分析模块介绍

(1)消息分析查看方法

在微信公众平台→统计→消息分析,即可查看粉丝人数的变化/当前公众平台粉丝的分布情况。

(2)消息发送

昨日关键指标模块,会针对昨天粉丝主动的消息发送人数、次数变化,以及与前天、7

天前、30 天前进行对比,体现为日、周、月的百分比变化,如图 1-12 所示。

图 1-12　微信公众号消息发送数据

关键指标详解趋势图,可选择 7、14、30 天或某个时间段的消息发送人数、次数变化,也可以选择按时间对比。

消息发送指标说明见表 1-7。

表 1-7　消息发送指标说明

消息发送指标	说　明
消息发送人数	关注者主动发送消息的用户人数
消息发送次数	关注者主动发送消息的总次数
人均发送次数	消息发送总次数与消息发送的用户人数的比值

在微信数据,消息分析→详细数据→导出 Excel,即可导出相应数据。

(3)关键指标更新时间

每日数据统计截至 24 点,会在第二天 12 点前显示昨天的最新数据。由于服务器缓存,以及指标计算方法和统计时间的差异,数据可能出现微小误差。

(4)消息关键词

可查看用户发给公众号的消息中的关键词,便于公众号了解用户需求,如图 1-13 所示。

消息关键词说明见表 1-8。

表 1-8　消息关键词说明

消息关键词指标	说　明
关键词	用户发送文字中所包含的特殊名词
自定义关键词	公众号在编辑模式中预先设置的关键词
非自定义关键词	用户发送消息中,非公众号在编辑模式中预先设置的关键词

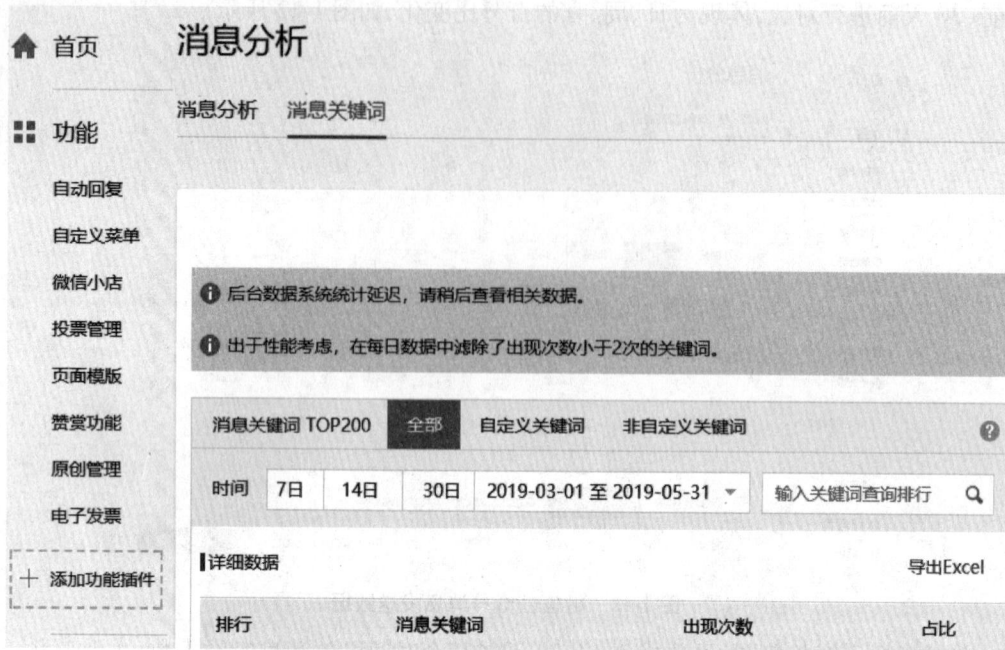

图 1-13　微信公众号消息关键词

4）公众平台统计功能接口分析模块介绍

（1）接口分析查看方法

在微信公众平台→统计→接口分析→接口分析日报→昨日关键指标，即可查看调用次数、失败率、平均耗时、最大耗时。

数据从 2013 年 7 月 1 日开始统计，可以选择日期查询 2013 年 7 月 1 日开始，某一个日期跨度的数据。该模块只对成了开发者的用户可见，且无须开启开发模式即可显示。

（2）接口分析指标

接口分析指标说明见表 1-9。

表 1-9　接口分析指标说明

接口分析指标	说　　明
调用次数	接口被调用总次数
失败率	调用失败的次数与接口被调用总次数的比值
平均耗时	接口调用的总时长除以接口被调用成功总次数得到的数据
最大耗时	接口调用耗时的最大值

（3）关键指标更新时间

每日数据统计截至 24 点，会在第二天 12 点前显示昨天的最新数据。由于服务器缓存，以及指标计算方法和统计时间的差异，数据可能出现微小误差。

【教师演示】

1. 演示目的

通过对微信公众平台数据统计功能中各项数据指标的解读,向学习者证实数据的价值,同时提升学习者的数据解读能力。

2. 演示内容

微信公众平台数据统计功能演示见表1-10。

表1-10　微信公众平台数据统计功能演示

序　号	演示内容	演示要点	时　间
1	公众平台数据统计分析	(1)参考图1-9绘制数据统计分析思维图	
2	用户分析	(2)创建公众号 (3)推广公众号 (4)查看用户分析模块数据	
3	图文分析	(5)编辑图文信息,进行图文转发 (6)查看图文分析模块数据	
4	消息分析	(7)推广公众号 (8)查看消息分析模块数据	
5	接口分析	(9)查看接口分析模块数据	

【学生演练】

1. 演练要求

①学习者自发组成学习小组,创建一个微信订阅号(也可使用已经创建完成的公众号)。

②先独立观察统计功能的各个模块,重点理解用户分析、图文分析、消息分析3个模块中各项指标的含义。再根据公众平台数据分析模块介绍修正先前的理解。

③在小组创建或已建的订阅号基础上,根据公众号数据统计中的数据状态制订一份订阅号推广任务计划表。计划表在内容和形式上不做要求,但应该具备可行性。

2. 演练提示

①明确并坚信演练的目的,熟悉公众平台统计功能,认识统计数据对分析订阅号推广效果的有用性。学习者可以按照演练要求完成演练,并提出意见与建议。但演练时请不要动摇设定的演练目的。

②订阅号是公众号的一种类型,学习者小组也可以使用其他类型(如服务号)完成演练,但演练要求不变。

③如果学习者是首次创建订阅号,需要花费更多的时间关注注册流程。

④学习者在【学生演练】过程中反思数据分析的价值,有利于对公众号统计数据的理解。建议制订出一套公众号推广计划并予以实施。观察各项统计数据的变化,思考数据变化与推广计划实施之间的关系。

学习性工作任务单

任务名称:认识数据之公众号平台统计数据   制订时间:

小组成员:

学习目标转化

根据【学生演练】的要求与提示,参考【教师演示】的内容,将学习目标转化为工作任务目标。

工作任务分解

围绕工作任务目标,明确并细化工作任务。

任务完成进度

完整记录工作任务完成进度。

学习成果

简单描述完成工作任务后的学习收获。

疑难知识

简单描述学习过程中遇到的困难。

指导记录

导师点评、答疑、教学反思。

任务二
数据分析与应用流程识读

【任务描述】

如何通过简单直接的描述让学习者认识数据分析与应用？答案是：流程识读。首先，明确数据分析目的与思路；第二，认识数据收集与储存的途径与工具；第三，对原始数据进行计算前的预处理；第四，我们将揭开数据分析的神秘面纱——数据建模与检测；最后，数据分析将尝试让数据说话，即数据可视化及知识发现。

【知识准备】

数据分析师常常因为过度依赖经验（如用短期销量增长指标取代长期盈利）和旧工具而无法获取更多的数据价值，不幸的是很多数据分析项目都受限于此。即使是电子商务数据分析仍然不同程度地受到组织管理僵化、限制型观念和负面态度的影响。

参考 IBM 统计产品与服务解决方案，我们把电子商务数据分析流程进行了梳理。正如前面所说的一些因素可能削弱数据分析价值，因此学习者把以下分析流程作为参考流程更加适合，数据分析与应用流程如图 2-1 所示。

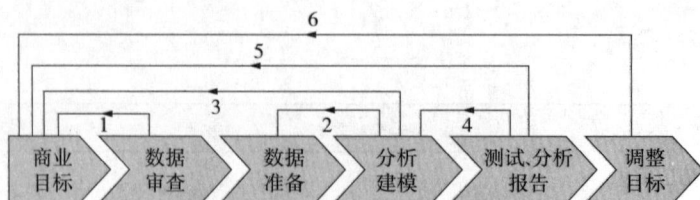

图 2-1 数据分析与应用流程

1. 明确分析目的、思路

数据分析之初，首先需要提出核心的电商问题，并定义预期目标。以此使分析团队清楚:为什么要开展这次数据分析?通过这次数据分析团队需要解决什么问题?数据分析团队除了需要数据分析人员,还应该有熟悉商业运作的人员加入。各部分成员在数据分析目的上达成共识,并将数据分析目标具体化。

数据分析目标的具体化就是梳理分析思路,搭建分析框架的过程。说得更加通俗易懂,就是把数据分析目标分解成若干个不同的分析要点,分别从不同的几个角度进行分析,采用不同的分析指标进行衡量。这样可以使团队分析思路更加清晰,框架结构更加体系化,避免分析方向偏离分析目标,得出没有指导意义的分析结果。

2. 获取数据

与电子商务活动相关的数据非常广泛,可以将获取它们的途径归类为四大类,它们分别是市场调查、公开出版物、数据库以及互联网。

市场调查就是指运用科学的方法,有目的地、系统地搜集、记录、整理有关市场营销信息和资料,分析市场情况,了解市场的现状及其发展趋势,为市场预测和营销决策提供客观的、正确的资料。电子商务活动中经常通过互联网开展市场调查,用于收集用户体验与产品需求方面的数据。例如通过电子邮件给客户发送有奖调查问卷。设计调查问卷时,问卷内容不仅要有针对性地了解用户的想法和需求,还要结合数据分析的目的与思路。

公开出版物从策划组稿到最终定稿出版要经历较为严格的编辑流程,因此其中的信息内容比其他来源的数据更为权威、准确。公开出版物中年鉴统计类是以全面、系统、准确地记述年度事物运动、发展状况为主要内容,汇集一年内的重要时事、文献和统计资料,按年度连续出版的资料性工具书。具有资料权威、反应及时、连续出版、功能齐全的特点,属信息密集型工具书。例如《中国统计年鉴》是国家统计局编印的一种资料性年刊,全面反映中华人民共和国经济和社会发展情况。数据分析需要采集历史性数据时,从公开出版物中搜寻尤为适合。

数据库是按照数据结构来组织、存储和管理数据的仓库,其本身可看作电子化的文件柜,用户可以对文件中的数据进行增加、删除、修改、查找等操作。数据库技术是数据分析应用领域中非常重要的技术。电子商务平台的运营都离不开数据库支持,数据库中存放着与电子商务活动相关的各种数据,包括数字、文字、图像、声音等。因此数据库就是庞大的数据分析资源库,是数据分析中非常重要的数据来源,需要有效地利用起来。

随着互联网的发展,网络上发布的信息越来越多,自动生成海量零散不规则数据。日常生活中人们可以通过搜索引擎快速找到需要的信息,也可以通过各式各样的网站查找需要的数据。采集来自互联网的数据工作量巨大。在淘宝搜索框中输入×××关键词,多少个宝贝跳出,关于它们的评论有多少,如果采集关于×××关键词的商品评论,即使擅长使用某种网页信息采集工具的人也难以单枪匹马地承担这样的工作量。

3. 数据预处理

数据分析工作中收集的原始数据往往是杂乱无章、残缺不全的。数据预处理就是根据数据分析的目的,将收集到的原始数据用适当的处理工具(如 Excel)进行整理加工,转换成正确的格式,以便满足数据分析模型对数据的要求。

数据预处理的目的是提高数据质量。质量是相对的,尤其是对于电子商务数据而言。原始数据中的缺陷或错误源于机器对事物的不完全解释。毫无缺陷的数据集或太糟糕以致无法支持商业分析的数据都是极少的。

数据预处理的结果是使来自不同渠道的数据在数据分析的最细微处合并和融合。比如,为了让数据在消费者层面的鉴别更精确,通过数据预处理找到一个连接数据资源的独一无二的钥匙(比如特定的客户账号、电话号码或者邮箱),直接或间接地开启数据资源的大门。

4. 分析建模与检测

在建立模型之前必须将电子商务目标转化成一系列的分析建模目标和描述。不同模型可以用于解决同样的分析问题,并且这些模型产生的结果将展示不同的提升程度和观点。可以根据数据特征、企业条件和模型性能选择模型。在建立一系列模型中进行对比测试,选出性能最佳的模型。可能需要进一步修正一些数据和讨论点。

分析专家热爱自己建立的模型,通常会将 10% 的时间花费在数据准备上,并用 70% ~ 80% 的时间建立模型,另外 10% ~ 20% 的时间则用在萃取观点上。伴随一些新观点,企业应该提炼、修正或扩展原先的商业目标。

5. 数据可视化和报告

司机在对汽车内部复杂性不甚了解的情况下可以通过仪表盘的指示保障驾驶的安全性。数据可视化的用处可以与汽车的仪表盘媲美,就是把数据分析(分析建模)萃取出的观点通过可视化工具展示出来,让数据分析人员能够通过图表提高沟通效率来节约重复工作的成本。

数据分析报告是经历了前面的数据分析流程,通过数据来研究电子商务活动的一种分析应用文体。这种文体有自己的写作原则和作用。可以将报告分为专题分析报告、综合分析报告和日常数据通报。

6. 知识发现

数据分析是一个持续追求和探索的过程,它一层层地包裹着商业数据的复杂性。进行前面所列的流程可以回答其中的一些问题,但仍然存在许多未解之谜。知识发现建立在数据挖掘技术之上,是对数据价值的追求和探索。数据挖掘任务是带有探索性的建模功能,并不是始于一个有待证明的具体逻辑模式,而是始于纷繁复杂的海量数据,利用强大的数据分析工具和特定的知识提取方法,发现数据之间的关联性,获得相关的知识,进行决策支持。例如:发现形如购买面包和黄油的顾客中,有 90% 的人同时也买了牛奶的关联模式。

注意:【知识准备】中电子商务数据分析流程图代表一种商业数据分析模式,它并非一成不变。但数据分析的学习者仍然需要通过反复的数据分析训练加深对数据分析流程的理解。反复的训练能使学习者熟练地使用分析工具,累积数据分析实操经验,形成缜密的思维逻辑。

【任务实施】

数据分析流程识读——以"大数据人才网络招聘需求分析"为例

1)分析目的与思路

数据分析项目以重庆主城区 2017 年 7 月份的大数据人才网络需求为主题,涉及大数据行业的从业技能、学历经验要求、职位薪酬水平、行业需求等信息,以期为走在大数据行业或准备迈入大数据行业的人提供参考信息。

确定数据分析维度及思路框架如下:

第一,重庆大数据招聘职位分布;

第二,重庆大数据招聘职位行业分布;

第三,重庆大数据招聘职位薪酬对比;

第四,重庆大数据招聘职位学历要求;

第五,重庆大数据招聘职位经验要求;

第六,重庆大数据公司性质与薪酬;

第七,重庆大数据招聘职位技术关键词分析。

2)数据采集

(1)采集对象

各大招聘网站发布的重庆主城区大数据职位的相关招聘信息,具体包括前程无忧、智联招聘、汇博人才网、全才招聘网。

(2)采集规则

采集周期:互联网上进行全量爬取。

采集数据范围:各招聘网站包含搜索关键词的招聘网页(关键词包括大数据、数据分析、数据挖掘等)。

采集字段:包括招聘职位、招聘单位、薪资、工作地点、工作性质、工作经验、发布时间、招聘人数、学历、职位类别、公司规模、公司性质、公司行业、职位描述。

（3）采集方式

使用八爪鱼试用版工具进行采集，该工具可以将采集到的数据直接写入数据库，也可以导出生成 Excel 文件。采集工具详细演示可查看本书任务三关于网页数据采集的内容，或者搜索网络资源。

3）数据清洗

完成采集后，将数据导入 MySQL 数据库中，然后通过 SQL 语句对采集数据进行清洗。对于字符串格式的数据变量，需要对换行符、回车符以及空格进行处理。SQL 代码如图 2-2 所示。

```
UPDATE jobadv SET 职位描述 = REPLACE(REPLACE(REPLACE(职位描述, CHAR(10),
''), CHAR(13), ''),CHAR(09), '');
UPDATE jobadv SET 职位福利 = REPLACE(REPLACE(REPLACE(职位福利, CHAR(10),
''), CHAR(13), ''),CHAR(09), '');
UPDATE jobadv SET 招聘职位 = REPLACE(REPLACE(REPLACE(招聘职位, CHAR(10),
''), CHAR(13), ''),CHAR(09), '');
UPDATE jobadv SET 职位职能 = REPLACE(REPLACE(REPLACE(职位职能, CHAR(10),
''), CHAR(13), ''),CHAR(09), '');
UPDATE jobadv SET 招聘公司 = REPLACE(REPLACE(REPLACE(招聘公司, CHAR(10),
''), CHAR(13), ''),CHAR(09), '');
```

图 2-2 数据清洗 SQL 代码

根据字段"工作地点"删除非重庆地区的招聘数据，SQL 代码如图 2-3 所示。

```
DELETE FROM jobdata WHERE 工作地点 LIKE '%北京%' OR 工作地点 LIKE '%上海%'
 OR 工作地点 LIKE '%深圳%' OR 工作地点 LIKE '%成都%' OR 工作地点 LIKE '%贵
州%' OR 工作地点 LIKE '%浙江%' OR 工作地点 LIKE '%济南%'
OR 工作地点 LIKE '%四川%' OR 工作地点 LIKE '%西亚商务大厦%' OR 工作地点 LIKE
'%沙河高教园%' OR 工作地点 LIKE '%软件园%' OR 工作地点 LIKE '%中关村%'
OR 工作地点 LIKE '%中关村%' OR 工作地点 LIKE '%长沙%' OR 工作地点 LIKE '%东
北%';
```

图 2-3 清洗数据 SQL 代码

4）数据分析

数据分析环节我们结合前面拟定的分析维度及思路框架展开数据分析工作。在这里我们只剖析其中两个分析维度的数据。

（1）大数据相关职位招聘对学历的要求分析

针对重庆地区的全量大数据招聘数据，以职位类型与学历要求两个维度进行交叉统计分析，得到不同大数据职位类型对学历要求的差异，SQL 统计分析语句如图 2-4 所示。

将图 2-4 中数据在 Excel 中用堆积条形图进行可视化，数据分析结果如图 2-5 所示。

```sql
SELECT
CASE
WHEN 招聘职位 LIKE '%建模%' OR 招聘职位 LIKE '%算法%' OR 招聘职位 LIKE '%挖掘%' THEN '建模算法工程师'
WHEN 招聘职位 LIKE '%架构%' OR 招聘职位 LIKE '%系统%' OR 职位职能 LIKE '%架构%' OR 职位职能 LIKE '%系统%' THEN '大数据系统架构师'
WHEN 招聘职位 LIKE '%分析%' OR ( 招聘职位 LIKE '%数据%' AND 招聘职位 LIKE '%员%') THEN '数据分析师'
WHEN 招聘职位 LIKE '%经理%' OR 招聘职位 LIKE '%总监%' OR 招聘职位 LIKE '%首席%' OR 招聘职位 LIKE '%主管%' OR 招聘职位 LIKE '%主任%' OR 招聘职位 LIKE '%负责人%' THEN '部门经理或总监'
WHEN 招聘职位 LIKE '%开发%' OR 招聘职位 LIKE '%工程%' OR 招聘职位 LIKE '%程序员%' OR 职位职能 LIKE '%开发%' OR 职位职能 LIKE '%工程%' OR 职位职能 LIKE '%程序员%'  THEN '开发工程师'
ELSE '开发工程师'
END AS 职位类型,
CASE
WHEN 学历 LIKE '%本科%' OR 职位描述 LIKE '%本科%' THEN 'B:本科'
WHEN 学历 LIKE '%硕士%' OR 职位描述 LIKE '%硕士%' OR 学历 LIKE '%博士%' OR 职位描述 LIKE '%博士%' THEN 'C:硕/博士'
WHEN 学历 LIKE '%不限%' AND 平均薪酬>=10000 THEN 'C:硕/博士'
WHEN 学历 LIKE '%不限%' AND 平均薪酬>=5000 THEN 'B:本科'
WHEN 学历 LIKE '%不限%' THEN 'A:大专'
WHEN 学历 LIKE '%专%' THEN 'A:大专'
ELSE '缺失'
END AS 学历要求,
COUNT(1) AS 用户数
FROM
jobdata1
GROUP BY
CASE
WHEN 招聘职位 LIKE '%建模%' OR 招聘职位 LIKE '%算法%' OR 招聘职位 LIKE '%挖掘%' THEN '建模算法工程师'
WHEN 招聘职位 LIKE '%架构%' OR 招聘职位 LIKE '%系统%' OR 职位职能 LIKE '%架构%' OR 职位职能 LIKE '%系统%' THEN '大数据系统架构师'
WHEN 招聘职位 LIKE '%分析%' OR ( 招聘职位 LIKE '%数据%' AND 招聘职位 LIKE '%员%') THEN '数据分析师'
WHEN 招聘职位 LIKE '%经理%' OR 招聘职位 LIKE '%总监%' OR 招聘职位 LIKE '%首席%' OR 招聘职位 LIKE '%主管%' OR 招聘职位 LIKE '%主任%' OR 招聘职位 LIKE '%负责人%' THEN '部门经理或总监'
WHEN 招聘职位 LIKE '%开发%' OR 招聘职位 LIKE '%工程%' OR 招聘职位 LIKE '%程序员%' OR 职位职能 LIKE '%开发%' OR 职位职能 LIKE '%工程%' OR 职位职能 LIKE '%程序员%'  THEN '开发工程师'
ELSE '开发工程师'
END,
CASE
WHEN 学历 LIKE '%本科%' OR 职位描述 LIKE '%本科%' THEN 'B:本科'
WHEN 学历 LIKE '%硕士%' OR 职位描述 LIKE '%硕士%' OR 学历 LIKE '%博士%' OR 职位描述 LIKE '%博士%' THEN 'C:硕/博士'
WHEN 学历 LIKE '%不限%' AND 平均薪酬>=10000 THEN 'C:硕/博士'
WHEN 学历 LIKE '%不限%' AND 平均薪酬>=5000 THEN 'B:本科'
WHEN 学历 LIKE '%不限%' THEN 'A:大专'
WHEN 学历 LIKE '%专%' THEN 'A:大专'
ELSE '缺失'
END
;
```

图 2-4　数据分析 SQL 代码

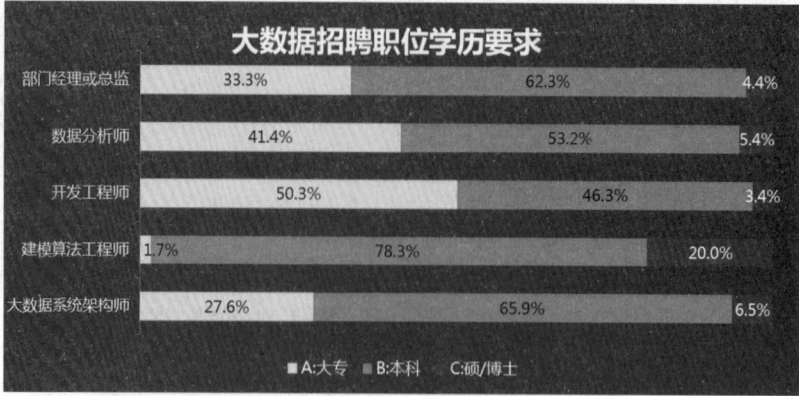

图 2-5　数据分析可视化

（2）重庆大数据招聘职位技术关键词分析

针对重庆地区的全量大数据招聘数据，提取职位中包含的技术关键词，以分析各类大数据技术的流行程度。SQL 统计分析语句如图 2-6 所示。

```
UNION ALL
SELECT 'NOSQL' AS 技术关键词,COUNT(*) AS 职位数 FROM jobdata3 WHERE UPPER
(职位描述) LIKE '%NOSQL%'
UNION ALL
SELECT 'PYTHON' AS 技术关键词,COUNT(*) AS 职位数 FROM jobdata3 WHERE UPPE
R(职位描述) LIKE '%PYTHON%'
UNION ALL
SELECT 'LINUX' AS 技术关键词,COUNT(*) AS 职位数 FROM jobdata3 WHERE UPPER
(职位描述) LIKE '%LINUX%'
UNION ALL
SELECT 'SPSS' AS 技术关键词,COUNT(*) AS 职位数 FROM jobdata3 WHERE UPPER(
职位描述) LIKE '%SPSS%'
UNION ALL
SELECT 'SAS' AS 技术关键词,COUNT(*) AS 职位数 FROM jobdata3 WHERE UPPER(
职位描述) LIKE '%SAS%'
UNION ALL
SELECT 'R语言' AS 技术关键词,COUNT(*) AS 职位数 FROM jobdata3 WHERE UPPER
(职位描述) LIKE '%R语言%'
;
```

图 2-6　数据分析 SQL 代码

将上述数据在 Excel 中用条形图进行可视化，数据分析结果如图 2-7 所示。

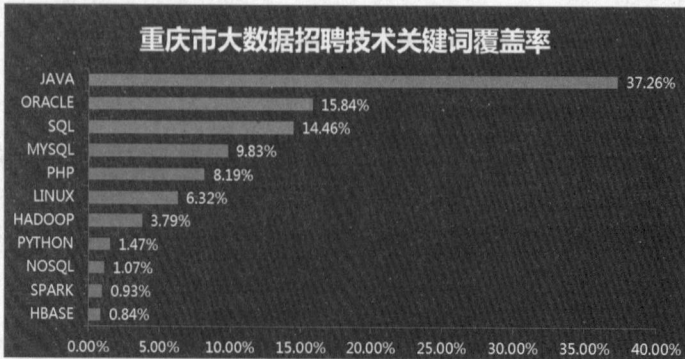

图 2-7　数据分析可视化

5）撰写数据分析报告

根据上一步数据分析得到的统计数据，利用图形工具或插件（如 Echarts、Excel），画出对应的图表。然后结合图表和行业知识对数据分析结果进行总结。数据分析报告参见本书附录1。

【教师演示】

1. 演示目的

以《×××需求调查与数据分析》项目为例，通过对数据分析操作流程的演示，主要向学习者展现相互独立又相互关联的数据分析流程。导入具体数据分析工具的实操知识讲解，形象具体地剖析数据分析流程中的关键点。

2. 演示内容

数据分析操作演示见表2-1。

表2-1　数据分析操作演示

序　号	演示内容	演示要点	时　间
1	分析目的与思路	（1）确定数据分析主题 （2）确定数据分析的数据范围 （3）确定数据分析维度及思路框架	
2	数据采集	（4）采集对象 （5）采集规则 （6）采集方式	
3	数据清洗	（7）数据导入 MySQL 数据库 （8）制订清洗方案 （9）实施清洗	
4	数据分析	（10）梳理分析思路 （11）调整分析维度	
5	撰写报告	（12）报告示例	

【学生演练】

1. 演练要求

①尝试确定数据分析主题、范围、维度及思路框架。

②确定数据采集对象、采集规则、采集方式,尝试完成原始数据的采集工作。

2. 演练提示

①确定分析主题、维度和整体思路是一项数据分析任务的起始点,十分关键。因此分析团队需要对与主题相关的商业内容做全面深入的研究。

②这个起始点的确定需要结合原始数据特征,所以这一阶段的任务是一个迭代的过程,即需要新的原始数据来支持分析团队的分析思路,也需要新的分析思路来驱动获取新的原始数据。

学习性工作任务单

任务名称:数据分析流程识读——以××××需求分析为例　　　　制订时间:

小组成员:

学习目标转化

根据【学生演练】的要求与提示,参考【教师演示】的内容,将学习目标转化为工作任务目标。

工作任务分解

围绕工作任务目标,明确并细化工作任务。

任务完成进度

完整记录工作任务完成进度。

学习成果

简单描述完成工作任务后的学习收获。

疑难知识

简单描述学习过程中遇到的困难。

指导记录

导师点评、答疑、教学反思。

任务三
数据准备

【任务描述】

在大多数数据分析项目中,数据准备工作往往占用所有时间和工作量的30% ~ 40%,实际比例取决于数据的规模、状态和复杂性。本任务通过形象、直观地介绍数据准备工作中涉及的知识,以及操作数据采集工具的技巧,加深学习者对数据准备工作重要性的理解。

【知识准备】

1. 数据收集与储存

按照确定的数据分析框架收集相关数据的工作内容称为数据收集,它为数据分析提供素材。选择适当的存储介质存放收集的数据非常重要。因为存储介质既要保证数据的安全性、完整性、一致性,同时存储介质还要利于高效地查询复杂数据。

针对指定数据,人们的需求不再局限于查询、统计等简单的操作,而是转向对数据中存在的潜在关系的推断、预测。然而在商务活动的电子化、数据化过程中,数据的收集与储存仍然是数据分析工作的基础。皮之不存毛将焉附?因此必须投入大量人、财、物夯实数据分析的地基。

2. 数据清洗与加工

数据的本源是电子商务过程,是真实业务的映射,大量数据采集与汇总过程中难免出现数据的缺失、冗余、不一致等问题。对于海量数据,数据来源往往比较复杂,需要在数据分析工作前进行"清洗数据"或者"加工数据"。

　　清洗数据主要指将多余重复的数据筛选清除,将缺失的数据补充完整,将错误的数据纠正或者删除。例如:在一张数据表中出现了"学生姓名""学生姓""学生名"3个属性,而"学生姓名"实质是"学生姓"和"学生名"两个属性的叠加,因此从单纯的数据的角度来看,可以把"学生姓名"这一重复数据属性去掉。

　　在收集、传递数据过程中因为考虑不仔细,没有充分估计到今后可能使用的数据,致使存在数据缺失的情况。缺失数据还常常出现于问卷调查中。被调查者经常无意识地遗漏一些题目,或者对于一些不容易回答的题目采用回避的策略。还有可能数据量太大,录入人员只录入了当时认为相对重要的数据而没有保证所有数据的完整录入,或者在录入过程中遗漏了某些数值。

　　错误数据是指那些不正确的数据。例如:在调查大学生网购消费行为情况时,可能出于对品牌的偏见或者碍于面子,被调查者无法对自己网购消费行为给予客观、真实的描述,产生与正常情况明显的偏差,或者不经思索随机选择,致使错误发生。

　　数据加工主要指提取分布在不同业务系统中,或者不同数据表中的数据,根据数据分析项目的需要进行数据清洗,再进行信息提取、计算、分组、转换等处理。提取工作是在对数据仓库的主题和数据本身内容理解的基础上,选择主题所涉及的相关数据,提取保留原数据表中某些字段的部分信息,组合成一个新字段。有时候数据表中的字段不能从数据源表字段中直接提取,但可以通过计算实现。例如:数据源中有网络广告展示次数(Impression)与点击率(Click)的相关数据,就可以通过简单的计算得到点击率(CTR)的值。

　　对信息进行分组是数据加工的常见形式。数据分析不仅要对数据总体的数量特征和数量关系进行分析,还要深入数量总体的内部进行分组分析。分组就是根据原始数据的特征,按照一定的指标,把数据分析对象划分为不同的部分和类型,使数据更利于揭示其内在的联系和规律性。

　　数据转换是将原始数据变为目标数据的关键环节。拆分数据是一种数据转换形式。它是依据业务需求对数据项进行分解。例如把地址信息拆分为城市、街道、邮编。格式变换是指规范化数据格式,是另一种数据转换形式。例如定义时间、数值、字符等数据加载格式。另外,数据离散化、新建变量、转换变量、数据聚集、维规约、属性值规约、数据压缩、数据抽样,这些都是数据转换的具体形式。

【任务实施1】

网页数据采集

　　当的确需要从网页上抓取电子商务数据时,我们一定希望采集工具低成本、易操作、速度快。数据抓取是个稍有难度的事情,原因有4个。第一,每次数据采集需求都不一样,使得采集工具产品化非常困难。第二,web页面本身非常复杂与混乱,JavaScript更是使得抓取不可控。第三,大部分的工具(开源库)都有相当大的局限性,扩展不方便,数据输出不稳定,不太合适于严肃的商业应用。第四,网络世界无边无际,确定进行网页数据采集,工作量巨大。为引导学习者入门网页数据采集,这里以"八爪鱼采集器"为例,实操网页数据采集。

1)单网页信息采集

打开网页采集器,点击"快速开始",点击"新建任务",进入任务配置页面,如图 3-1 所示。自定义任务名称,选择任务组并填写备注,点击"下一步"。

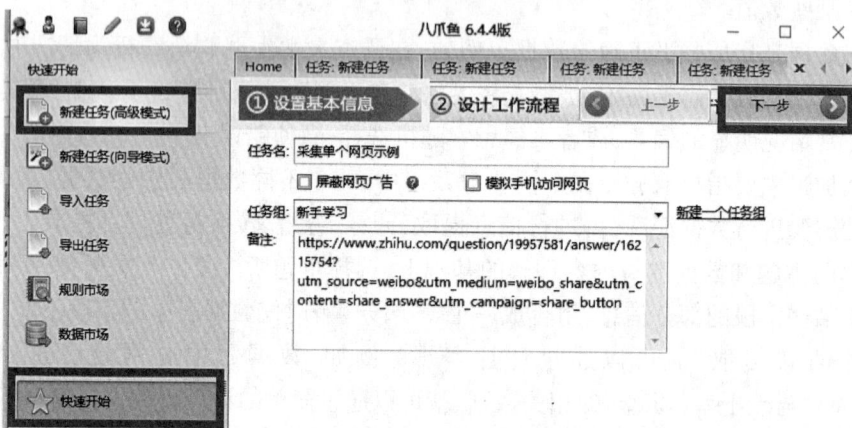

图 3-1 "八爪鱼采集器"配置页面

进入流程配置页面,往流程设计器中拖入一个打开网页的步骤,如图 3-2 所示。选中浏览器中的打开网页步骤,在右边页面的 Url 中输入网页 Url 并点击"保存",系统会在软件下方的浏览器中自动打开对应网页。

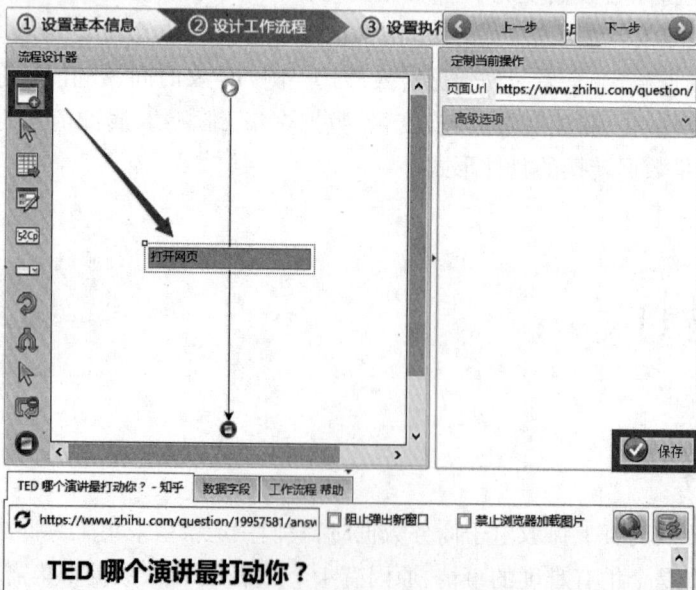

图 3-2 "八爪鱼采集器"流程配置页面

　　下面进行数据字段的提取。点击浏览器中需要提取的字段,然后在弹出的选择对话框中选择"抓取这个元素的文本",抓取元素文本"TED 哪个演讲最打动你?"如图 3-3 所示。

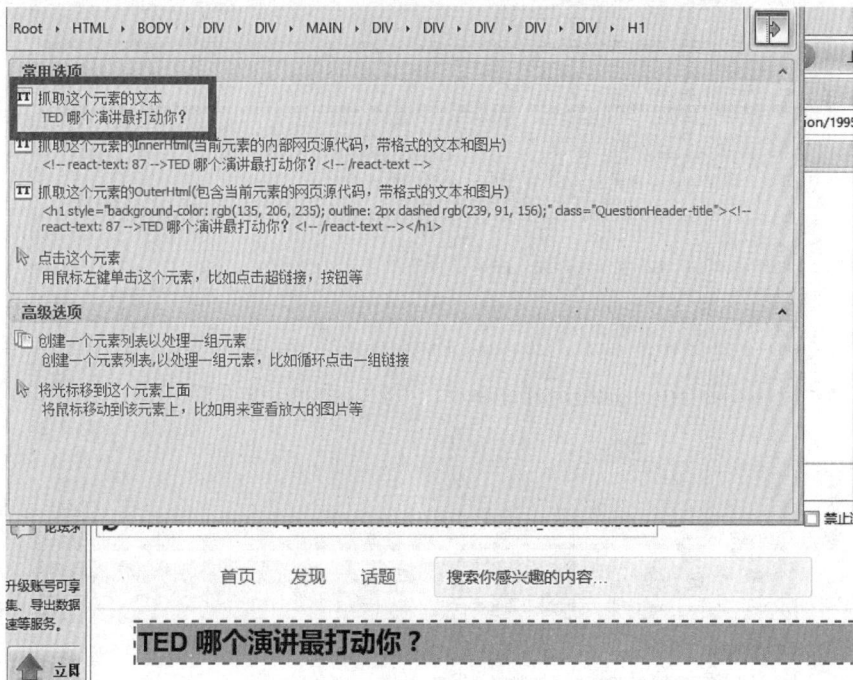

图 3-3　抓取元素 1

抓取文本元素"10 条评论",如图 3-4 所示。

图 3-4　抓取元素 2

抓取文本元素"I've watch…impression."，如图 3-5 所示。

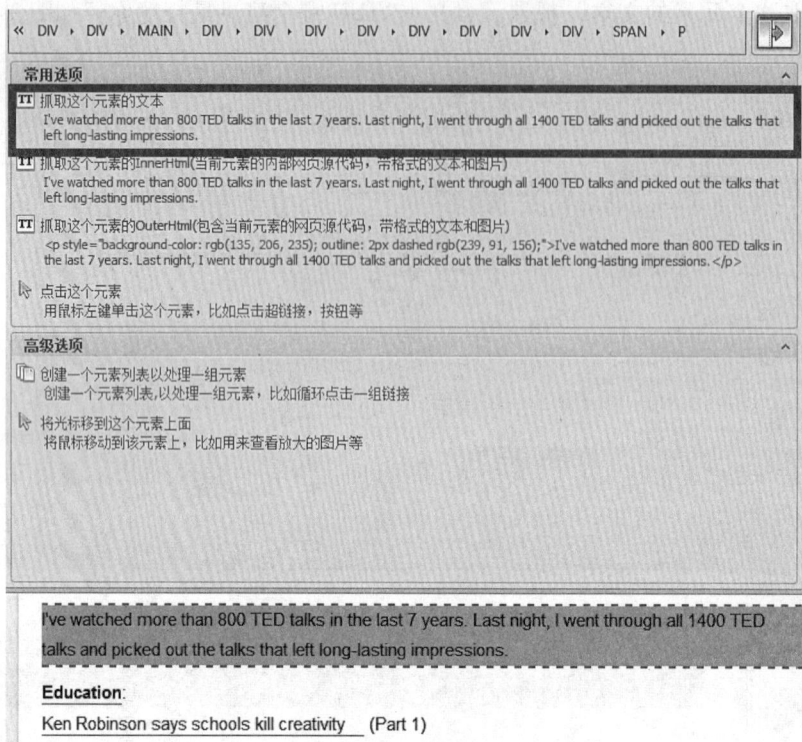

图 3-5　抓取元素 3

这里仅抓取 3 项文本元素，还可以继续点击配置页面中其他需要抓取的字段，配置完成之后修改字段名称，点击"保存"，如图 3-6 所示。

图 3-6　保存设置

单击"数据字段"，系统将会显示采集列表，如图 3-7 所示，再点击"下一步"。

图 3-7　数据字段

单击"下一步",如图 3-8 所示。

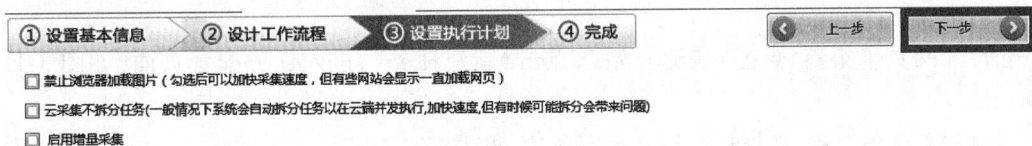

图 3-8　设置执行计划

单击"启动单机采集",如图 3-9 所示,系统将会在本地执行采集流程并显示最终采集
的结果。

图 3-9　执行"单机采集"

单网页信息采集任务完成,显示如图 3-10 所示。

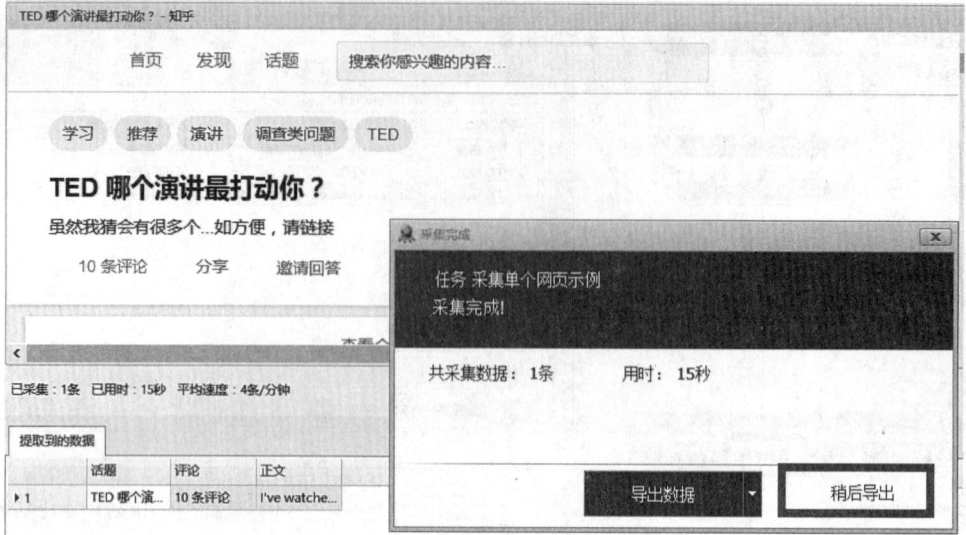

图 3-10　任务完成

2）单网页列表信息采集

打开网页采集器，点击"快速开始"，点击"新建任务"，进入任务配置页面，如图 3-11 所示。

自定义任务名称，选择任务组并填写备注，点击"下一步"。

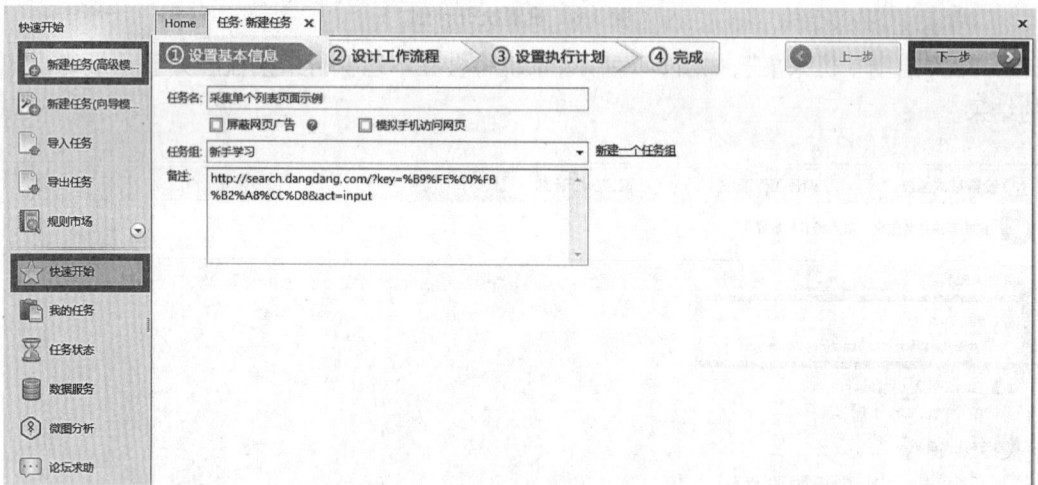

图 3-11　任务配置页面

进入流程配置页面，往流程设计器中拖入一个打开网页的步骤。在右边的页面 Url 中输入网页 Url 并点击"保存"，系统会在软件下方的浏览器中自动打开对应网页，如图 3-12 所示。

如果滑动浏览器滚动条，大家可以看到网页都是由同样的区域块组成的，我们需要抓取每一个区域块中的数据信息，而且每个区域块中的格式都是一样的。这时候我们需要创

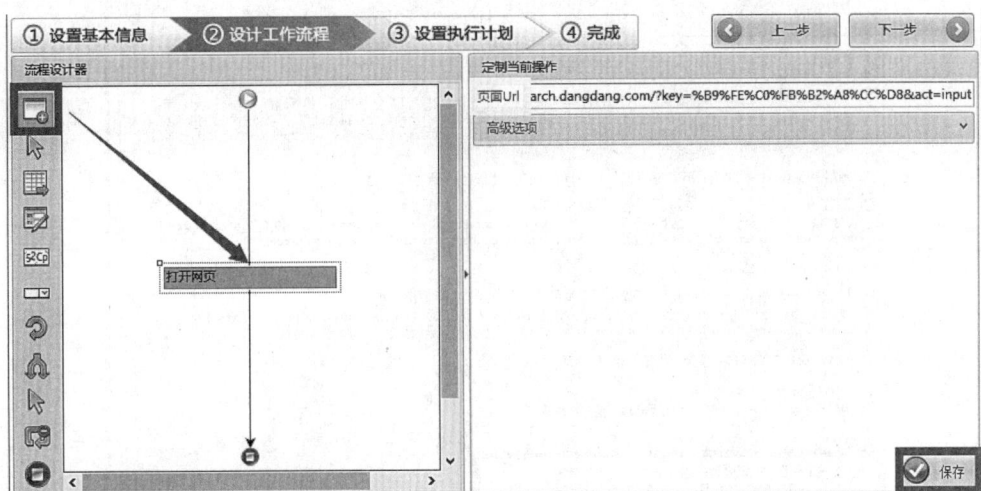

图 3-12　流程配置页面

建一个循环列表,循环抓取每一个区域块中的元素。

　　点击图中第一个区域块,如图 3-13 所示,可以看到浏览器中的红色虚线框是选中了整个区域块的,如果选不中的话,可以在弹出的选择对话框上面的 HTML 等选项上进行调整。

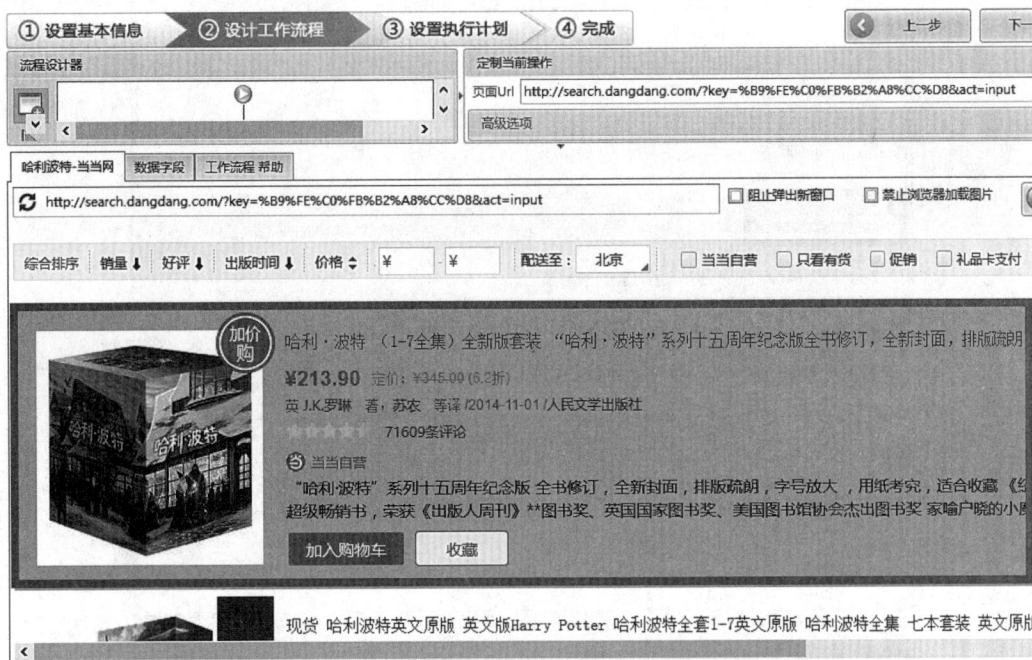

图 3-13　区域块选择

调整好之后,选择"创建一个元素列表以处理一组元素",如图 3-14 所示。

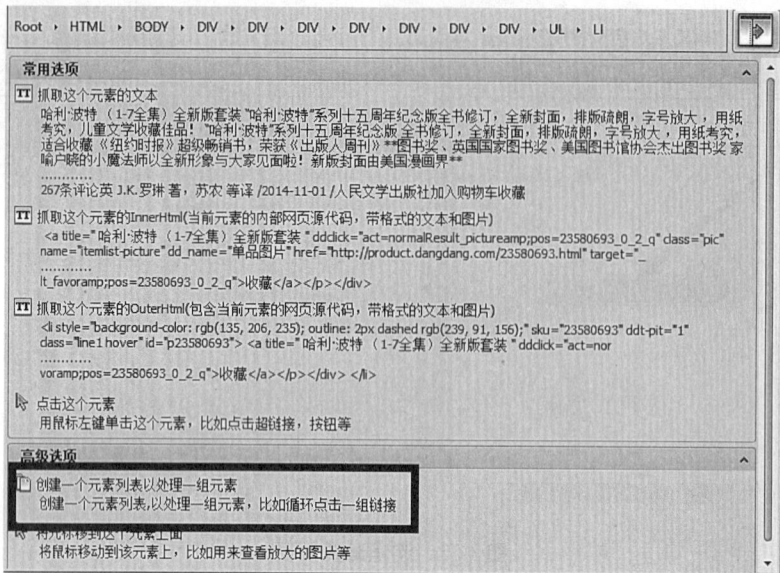

图 3-14 创建一元素列表

接下来在弹出的对话框中选择"添加到列表",如图 3-15 所示。

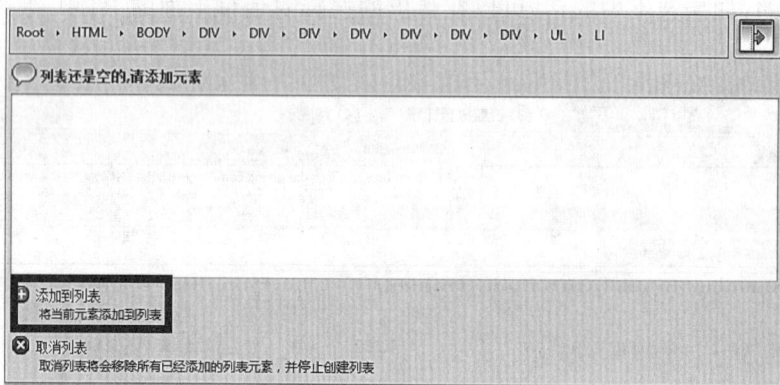

图 3-15 添加到列表

第一个区域块添加好之后选择"继续编辑列表",如图 3-16 所示。

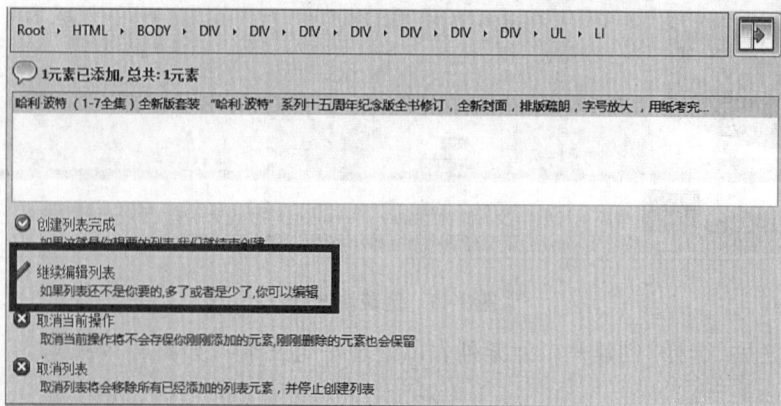

图 3-16 继续编辑列表

接下来以同样的方式添加第二个区域块,如图 3-17 所示。

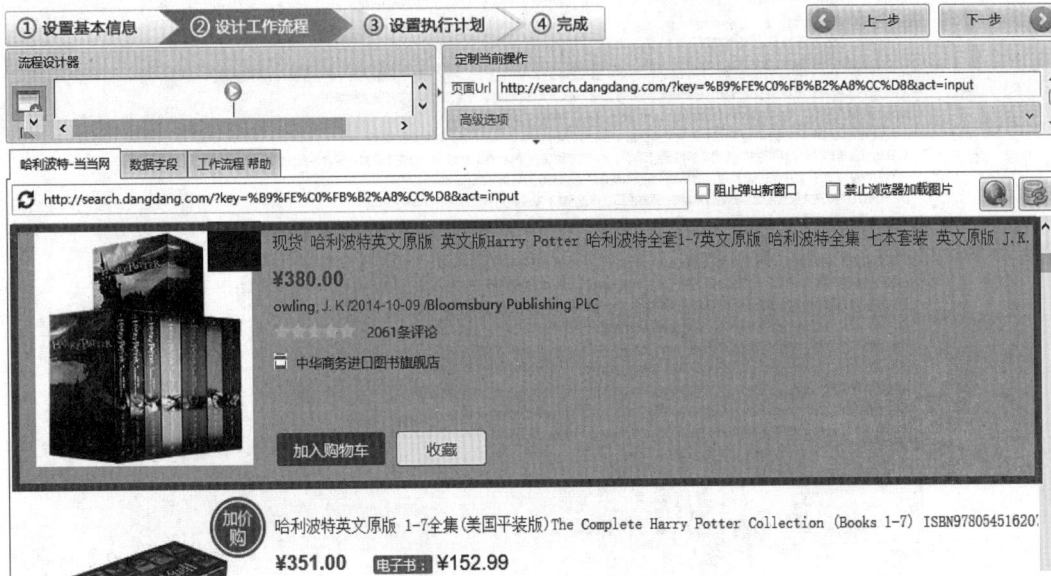

图 3-17 添加第二个区域块

我们添加第二个区域块的时候可以看图 3-18,这时候页面中其他元素都被添加进来了。这是因为我们添加的是两个具有相似特征的元素,系统会智能地将页面中其他具有相似特征的元素都添加进来。然后选择"创建列表完成",如图 3-18 所示。

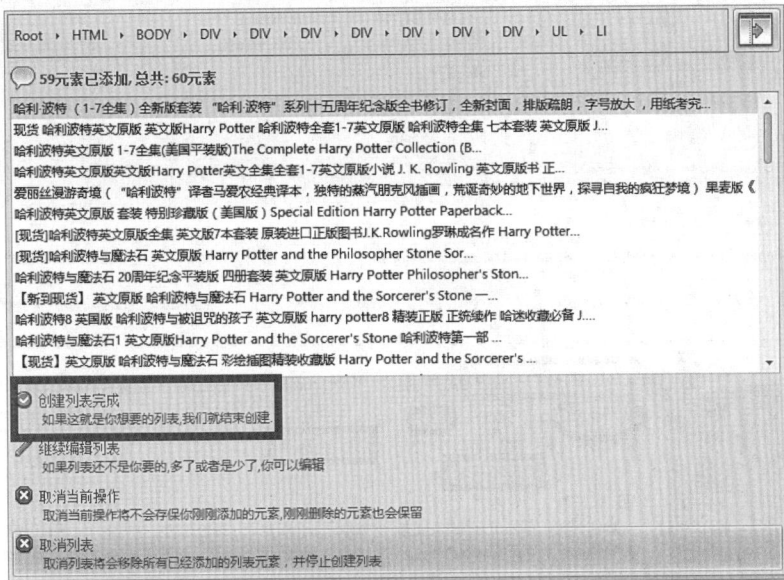

图 3-18 创建列表完成

单击图 3-19 中的"循环",循环采集列表就完成了。系统会在页面右上方显示本页面添加进来的所有循环项。

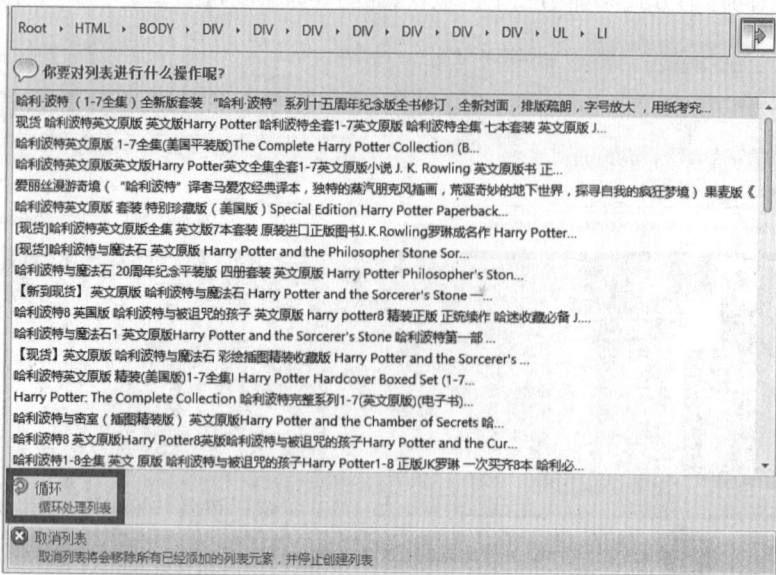

图 3-19　循环处理

下面进行数据字段的提取。选择浏览器中需要提取的字段，如图 3-20 所示。

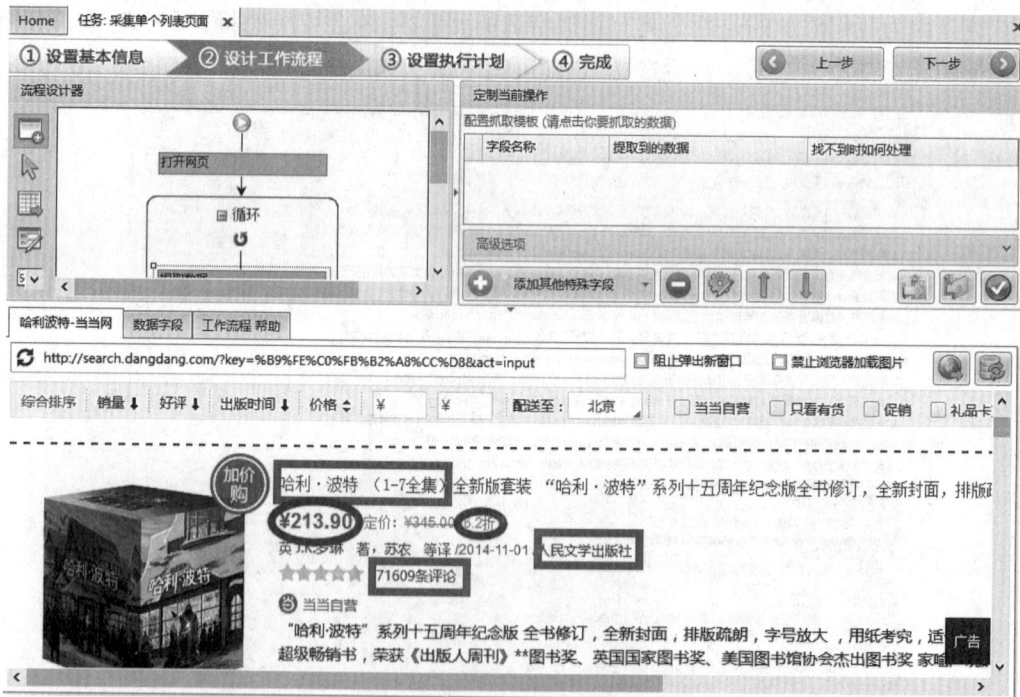

图 3-20　提取字段

然后在弹出的选择对话框中选择"抓取这个元素的文本"，如图 3-21 所示。

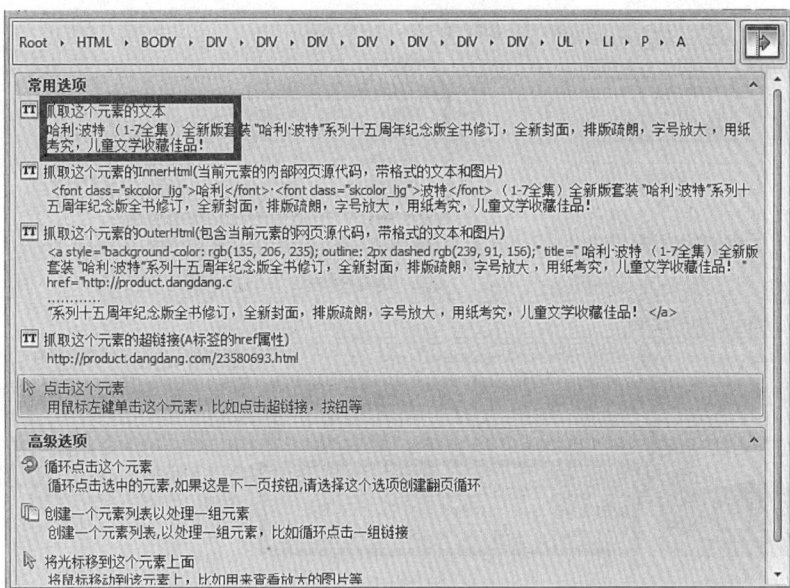

图 3-21 抓取元素的文本

上述操作之后，系统会在页面的右上方显示我们抓取的字段，如图 3-22 所示。

图 3-22 显示抓取字段

接下来配置页面中其他需要抓取的字段，配置完成之后修改字段名称，如图 3-23 所示。修改完成之后点击"保存"按钮，再点击"数据字段"可以看到采集列表。

图 3-23　抓取其他字段

依次点击"下一步""下一步""启动单机采集",本次单网页列表信息采集完成,如图 3-24 所示。

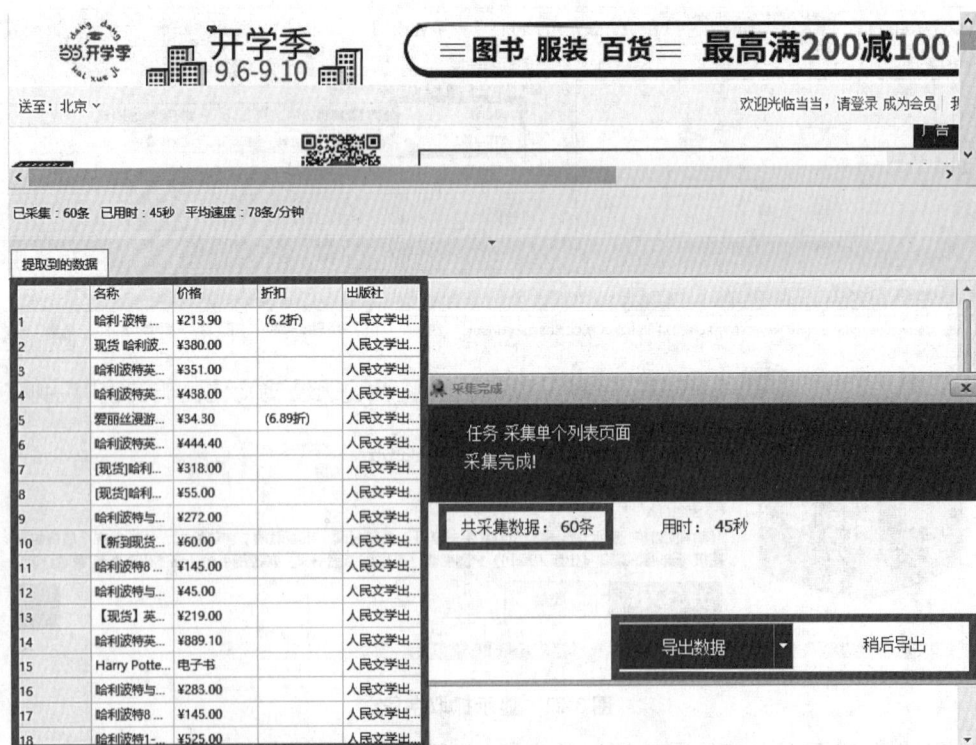

图 3-24　完成采集

3）单网页列表详细信息采集

列表页面在互联网上的"出镜率"非常高,点击列表中的一行链接会打开一个详细信息页面,接下来演示如何采集这种类型网页里面的详细信息。

打开网页采集器,点击"快速开始",点击"新建任务",进入任务配置页面。自定义任务名称,选择任务组并填写备注,点击"下一步"。往流程设计器中拖入一个打开网页的步骤,在右边的页面 Url 中输入网页 Url 并点击"保存",系统会在软件下方的浏览器中自动打开对应网页,如图 3-25 所示。

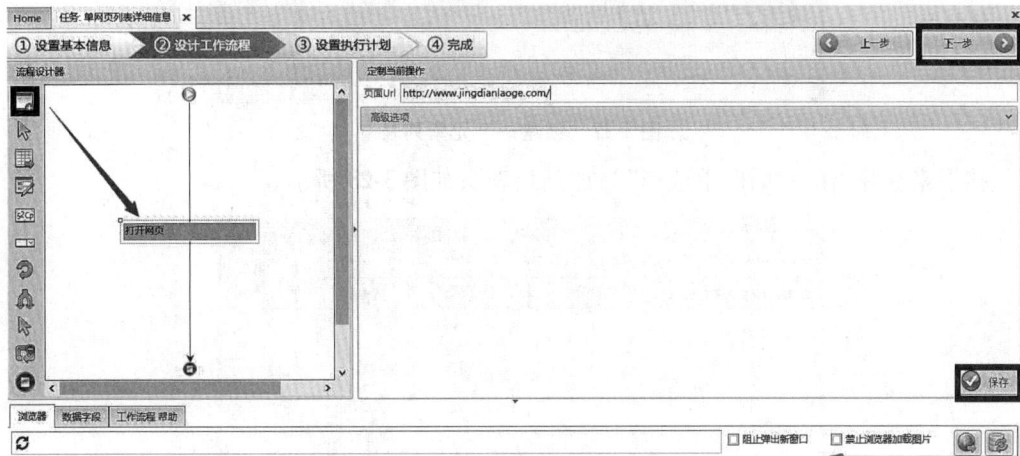

图 3-25　打开列表网页

由于我们需要循环点击采集器内嵌浏览器中歌曲名称,再提取子页面中的数据信息,所以我们需要做一个循环采集列表。点击图 3-26 中第一个循环项,在弹出的对话框中选择"创建一个元素列表以处理一组元素",如图 3-27 所示。

图 3-26　创建循环采集列表

051

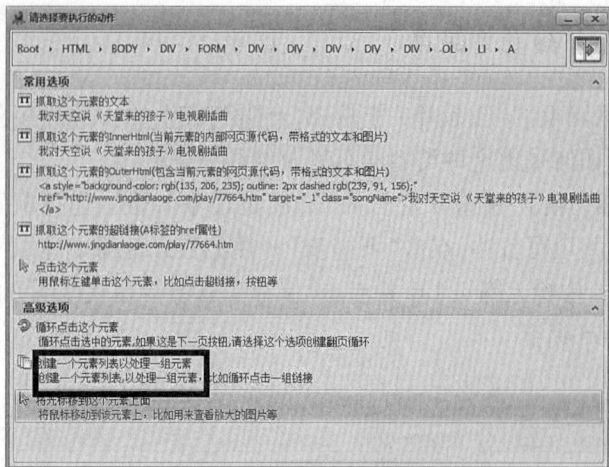

图 3-27　创建一个元素列表

接下来在弹出的对话框中选择"添加到列表"，如图 3-28 所示。

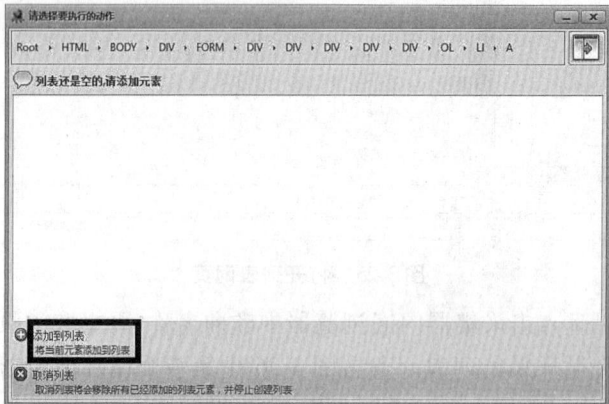

图 3-28　添加到列表

第一个循环项添加好之后选择"继续编辑列表"，如图 3-29 所示。

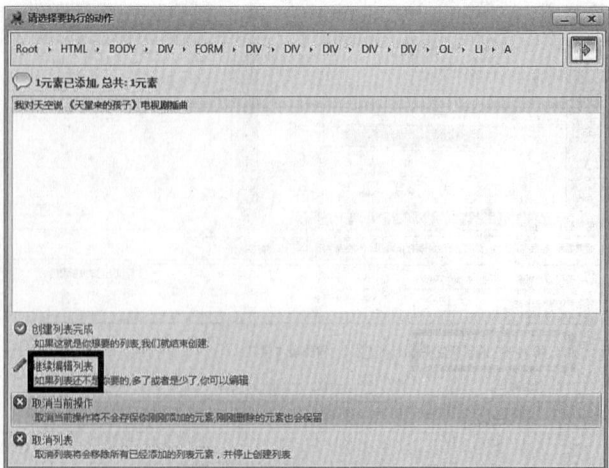

图 3-29　继续编辑列表

接下来以同样的方式添加第二个循环项,在浏览器中点击添加项,如图 3-30 所示。

图 3-30　创建第二个循环采集列表

再点击"添加到列表",如图 3-31 所示。

图 3-31　添加到列表

在添加第二个循环项时可以看图 3-32,这时候页面中其他元素都被添加进来了。这是因为我们添加的是两个具有相似特征的元素,系统会智能地将页面中其他具有相似特征的元素都添加进来,然后选择"创建列表完成"。

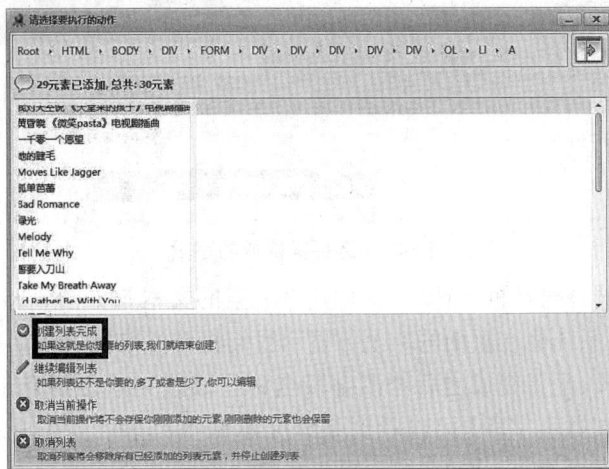

图 3-32　创建列表完成

点击"循环",如图 3-33 所示。

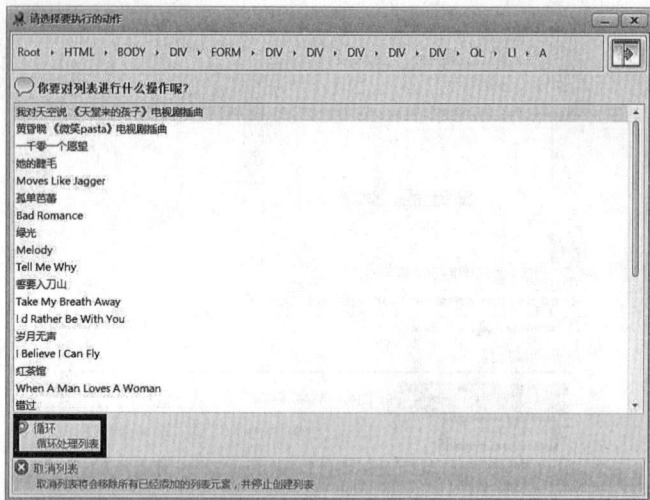

图 3-33   循环处理列表

如上操作之后,循环采集列表就完成了。系统会在页面右上方显示本页面添加进来的所有循环项。

选择点击图 3-33 第一个循环项,进入第一个子链接里面,选择浏览器中歌曲名称、评分等需要提取的字段,如图 3-34 所示。

图 3-34   选择需提取的字段

然后在弹出的选择对话框中选择"抓取这个元素的文本",如图 3-35 所示。

上述操作之后,系统会在页面的右上方显示我们将要抓取的字段。接下来配置页面中其他需要抓取的字段,配置完成之后修改字段名称。修改完成之后点击上图中的"保存"按钮,再点开图中的"数据字段"可以看到系统显示采集列表。点击上图中的"下一步","下一步","启动单机采集"。点击"启动单机采集",系统将会在本地执行采集流程并显示最终采集的结果,如图 3-36 所示。

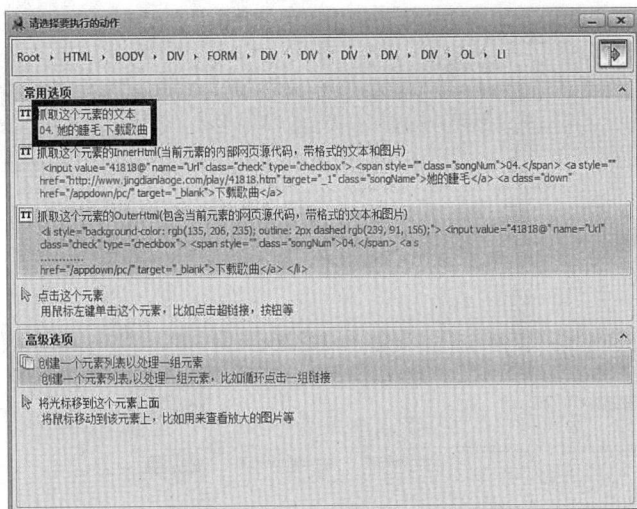

图 3-35 抓取这个元素的文本

图 3-36 采集完成

4)单网页表格信息采集

如何采集单网页上的表格信息？通过"单网页表格信息采集"演示,一目了然,即学即会。

打开网页采集器,点击"快速开始",点击"新建任务",进入任务配置页面。自定义任务名称,选择任务组并填写备注,点击"下一步",如图 3-37 所示。

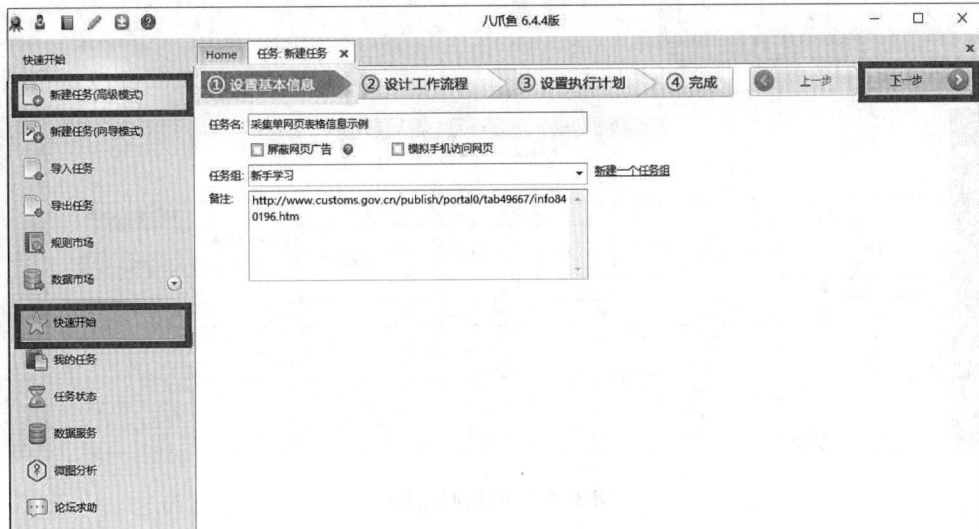

图 3-37 单网页表格信息配置

往流程设计器中拖入一个打开网页的步骤。在右边的页面 Url 中输入网页 Url 并点击"保存",如图 3-38 所示。

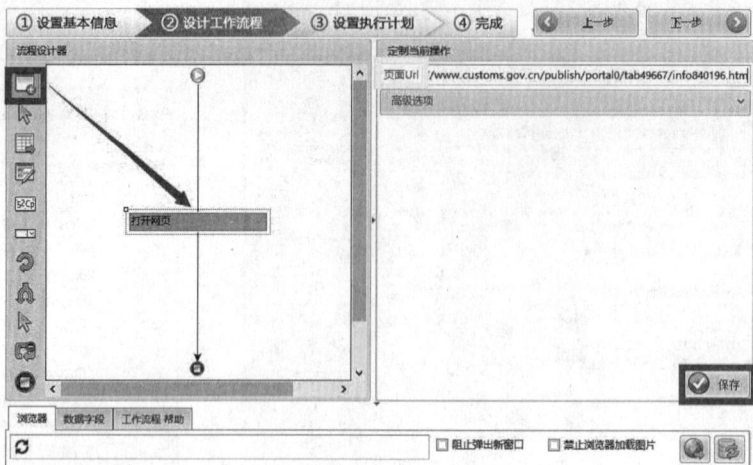

图 3-38　打开表格网页

　　系统会在软件下方的浏览器中自动打开对应网页。如图 3-39 所示,浏览器中大家可以看到网页都是由同样的区域行组成的,我们需要抓取每一个区域行中的数据信息,而且每个区域行的格式都是一样的。这时候我们需要创建一个循环列表,循环抓取每一个区域行中的元素。注意最终提取的元素一定包含在循环项里面。

图 3-39　表格网页展示

　　点击图 3-40 中第一个区域行,可以看到浏览器中的红色虚线框是选中了整个区域行的,如果无法选中,可以在弹出的选择对话框上面的扩大选项上进行调整。调整好之后,选择"创建一个元素列表以处理一组元素",如图 3-41 所示。

图 3-40　选择整个区域行

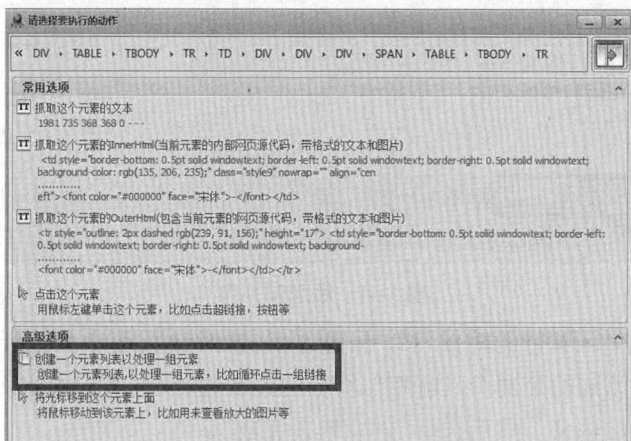

图 3-41　创建一个元素列表

接下来在弹出的对话框中选择"添加到列表",如图 3-42 所示。

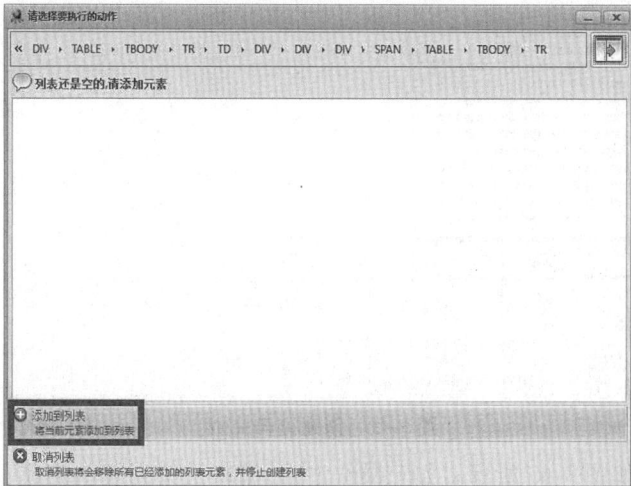

图 3-42　添加到列表

第一个区域行添加好之后选择"继续编辑列表",如图 3-43 所示。

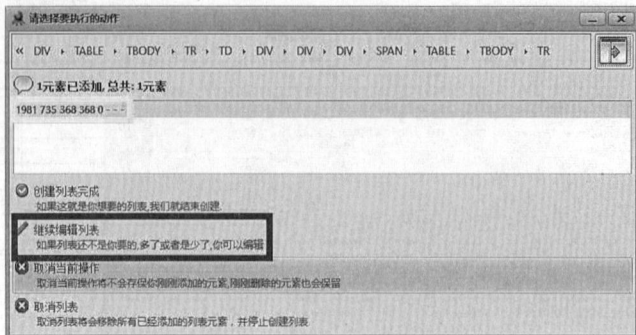

图 3-43　继续编辑列表

选择"添加到列表",如图 3-44 所示。

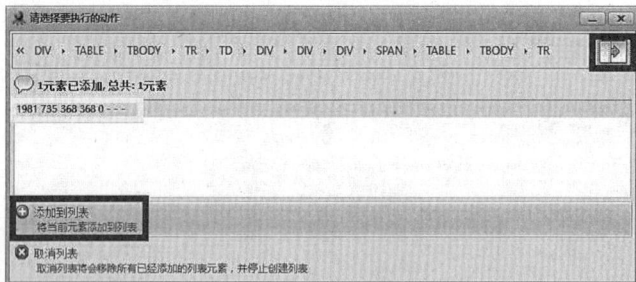

图 3-44　添加到列表

我们添加第二个区域行的时候可以看图 3-45,这时候页面中其他元素都被添加进来了。这是因为我们添加的是两个具有相似特征的元素,系统会智能地将页面中其他具有相似特征的元素都添加进来。然后选择"创建列表完成"。

图 3-45　创建列表完成

点击"循环",如图 3-46 所示。如上操作之后,循环采集列表就完成了。系统会在页面右上方显示本页面添加进来的所有循环项。

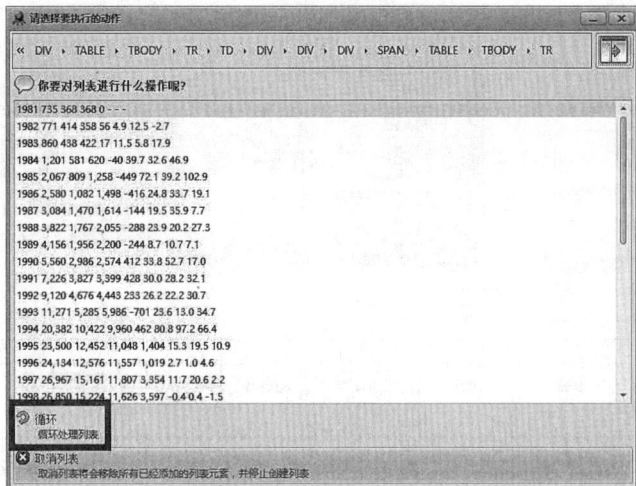

图 3-46　循环处理列表

　　下面进行数据字段的提取。在浏览器中点击需要提取的字段,然后在弹出的选择对话框中选择抓取这个元素的文本。上述操作之后,系统会在页面的右上方显示我们将要抓取的字段,如图 3-47 所示。

图 3-47　提取字段

　　依次点击浏览器中表格第一行各个单元格,并在每次弹出的窗口中选择"抓取这个元素的文本"选项,如图 3-48 所示。

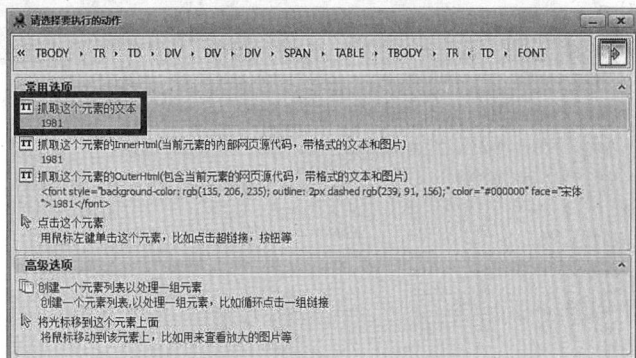

图 3-48　抓取这个元素的文本

　　配置完成之后按照表格每列的名称(如"年度""进出口"等)修改字段名称,如图 3-49所示。

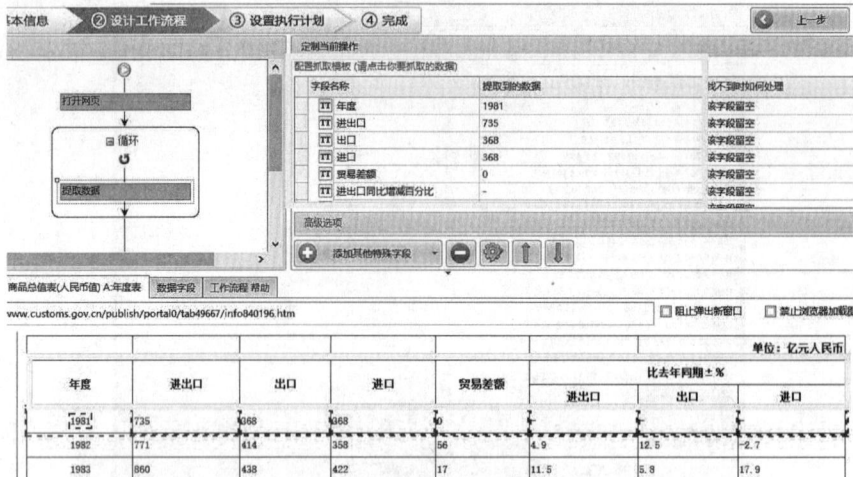

图 3-49　修改字段名称

修改完成之后点击图 3-49 中的"保存"按钮,再点开图中的"数据字段"可以看到,系统将会显示最终的采集列表,如图 3-50 所示。

图 3-50　采集列表

点击"下一步","下一步","启动单机采集"。单网页表格信息采集完成,如图 3-51 所示。

图 3-51　采集完成

5）分页列表信息采集

怎么创建循环翻页并能正常采集网页数据信息呢？"分页列表信息采集"演示将告诉大家具体操作步骤。经过演示前面几项任务，大家对"设置基本信息"步骤已经非常熟悉。分页列表信息采集与之相似。

设计工作流程步骤选中在右边的页面 Url 中输入网页 Url 并点击"保存"，系统会在软件下方的浏览器中自动打开对应网页，如图 3-52 所示。

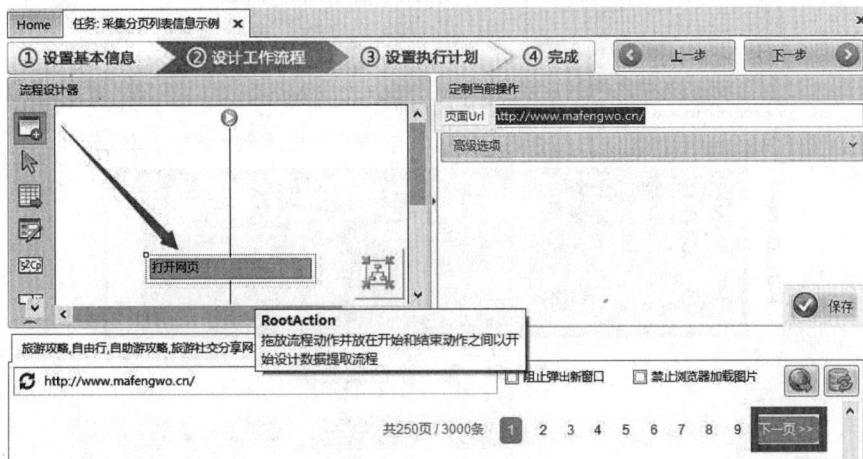

图 3-52　打开网页

下面创建循环翻页。点击图 3-52 浏览器页面中的"下一页"按钮，在弹出的对话框中选择"循环点击下一页"，如图 3-53 所示。翻页循环创建完毕之后，点击弹出窗口中的"保存"。

061

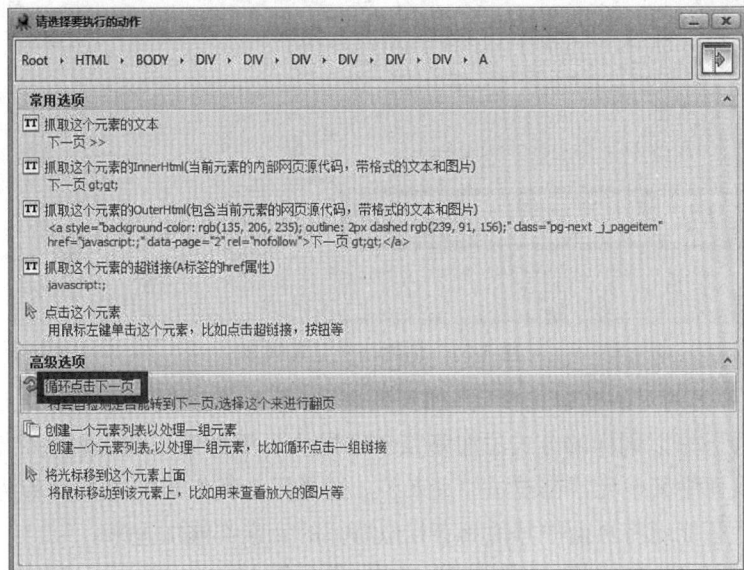

图 3-53　循环点击下一页

滚动浏览器查看网页,可以看到网页都是由同样的区域块组成的,我们需要抓取每一个区域块中的数据信息,而且每个区域块的格式都是一样的。这时候我们需要创建一个循环列表,循环抓取每一个区域块中的元素。点击图 3-54 中第一个区域块,在弹出的对话框中选择"创建一个元素列表以处理一组元素",如图 3-55 所示。

图 3-54　第一个区域块

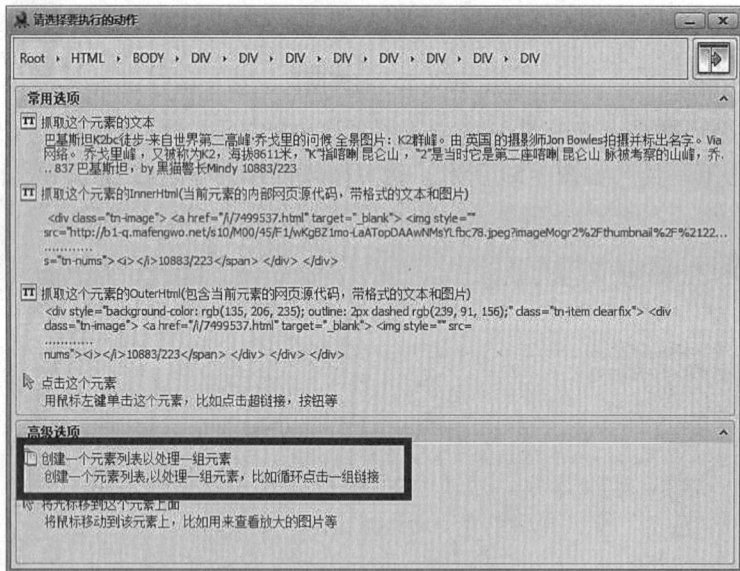

图 3-55　创建一个元素列表

接下来在弹出的对话框中选择"添加到列表"。第一个区域块添加好之后选择"继续编辑列表"。接下来以同样的方式添加第二个区域块。添加第二个区域块之后,如图 3-56 所示,这时候页面中其他元素都被添加进来了。这是因为我们添加的是具有两个相似特征的元素,系统会智能地将页面中其他具有相似特征的元素都添加进来。

然后选择图 3-56 中"创建列表完成",点击"循环"。

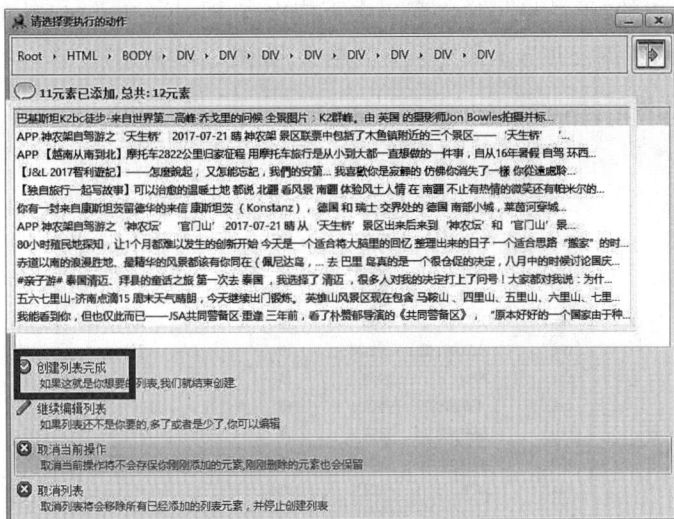

图 3-56　创建列表完成

　　循环采集列表完成后,下面进行数据字段的提取。设计工作流程如图 3-57 所示,点击流程设计器中的提取数据,再选择浏览器中需要提取的字段,然后在弹出的选择对话框中选择"抓取这个元素的文本"。

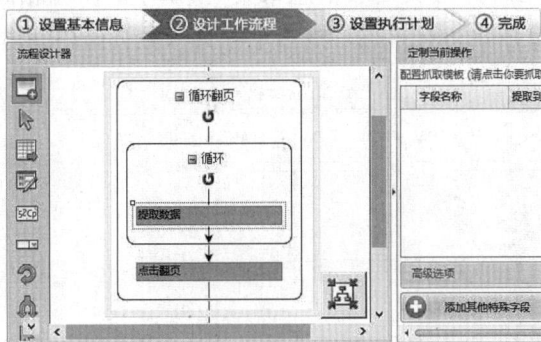

图 3-57　设计工作流程

　　接下来配置页面中其他需要抓取的字段,配置完成之后修改字段名称,如图 3-58 所示。

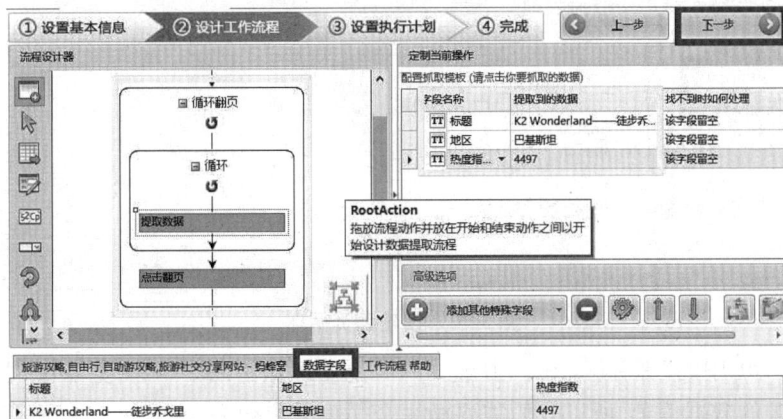

图 3-58　配置数据字段

点击图 3-58 中的"下一步",弹出窗口中再依次点击"下一步""启动单机采集",系统将会在本地执行采集流程并显示最终采集的结果,如图 3-59 所示。

图 3-59　采集结果

6)分页列表详细信息采集

创建循环翻页的步骤与"分页列表信息采集"演示中的步骤相同,因此直接跳过前面步骤的演示。如图 3-60 所示,点击"循环点击下一页",翻页循环创建完毕。

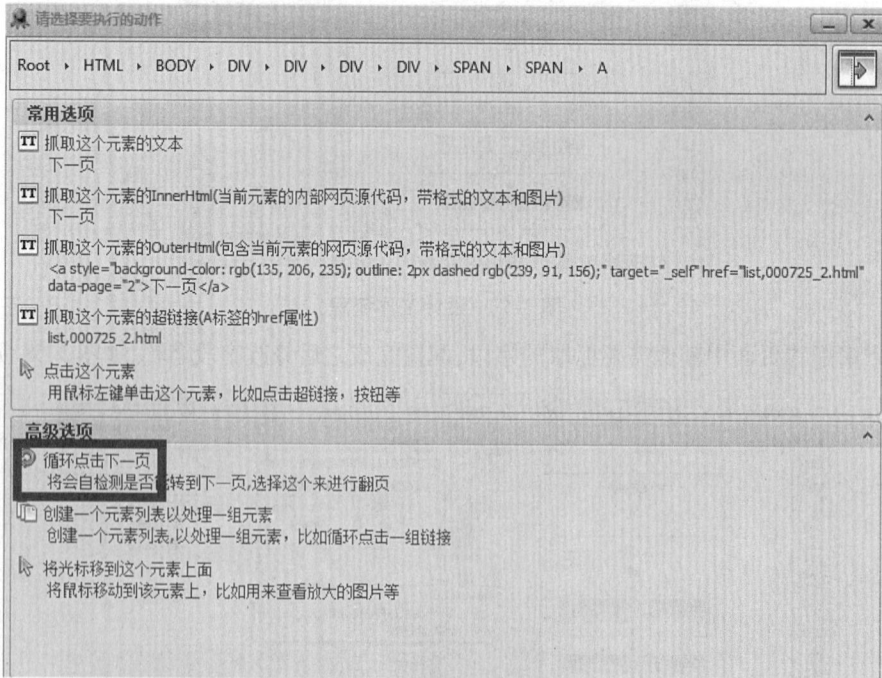

图 3-60　创建翻页循环

点击图 3-61 中的"保存"按钮。由于我们需要循环点击图 3-61 浏览器中文章名称,再提取子页面中的数据信息,所以我们需要做一个循环采集列表。

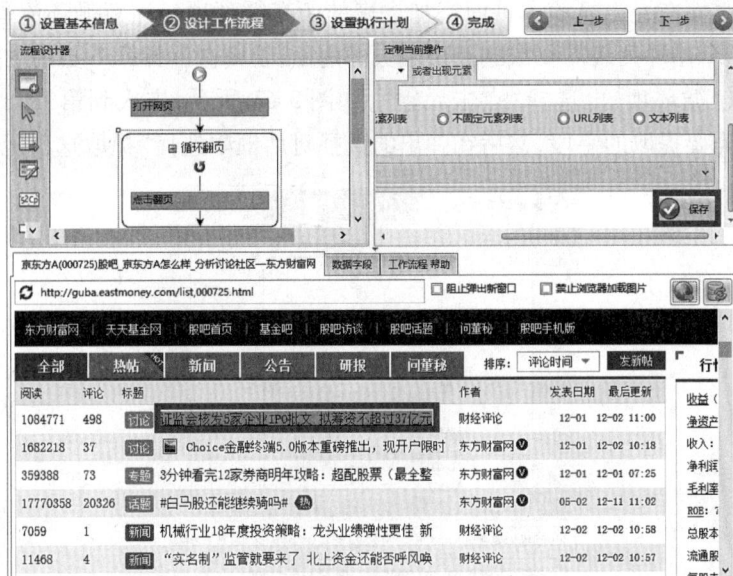

图 3-61　子页面信息

　　点击图 3-61 中第一个循环项,在弹出的对话框中选择"创建一个元素列表以处理一组元素",如图 3-62 所示。

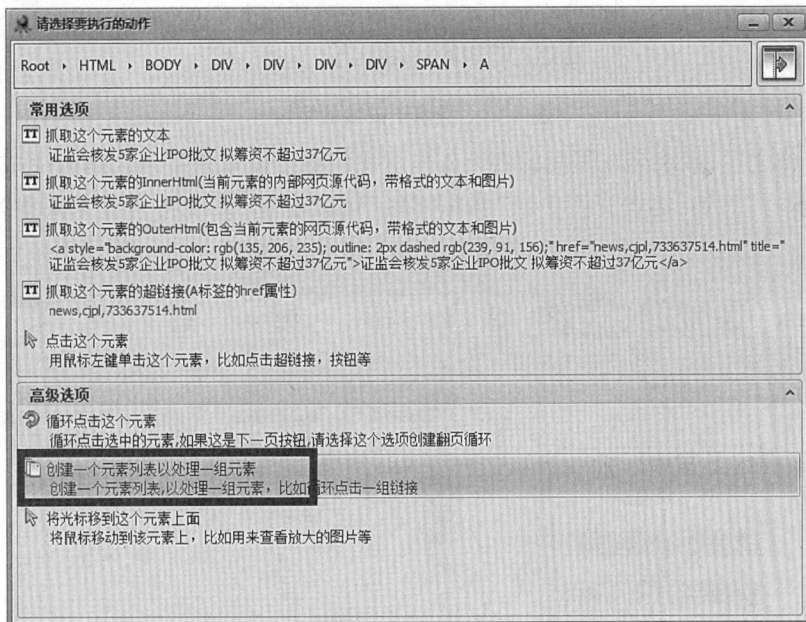

图 3-62　创建一个元素列表

　　接下来在弹出的对话框中选择"添加到列表"。第一个循环项添加好之后选择"继续编辑列表"。

　　当添加第二个循环项后,页面中其他元素都被添加进来了。这是因为我们添加的是具有两个相似特征的元素,系统会智能地将页面中其他具有相似特征的元素都添加进来。然后选择"创建列表完成",点击"循环",循环采集列表就完成了。

  系统会在页面右上方显示本页面添加进来的所有循环项。注意循环流程应从上一网页执行,所以这个循环列表需要放到点击翻页的前面,否则会漏掉第一页的数据。

  选择第一个循环项,再选择"点击元素",如图 3-63 所示,进入到第一个子链接里面。选择浏览器中需要提取的字段,然后在弹出的选择对话框中选择"抓取这个元素的文本"。

图 3-63　提取子链接的字段

  上述操作之后,系统会在页面的右上方显示我们将要抓取的字段。修改完成之后点击上图中的"保存"按钮,再点开图中的"数据字段"可以看到,系统将会显示采集列表,如图3-64 所示。

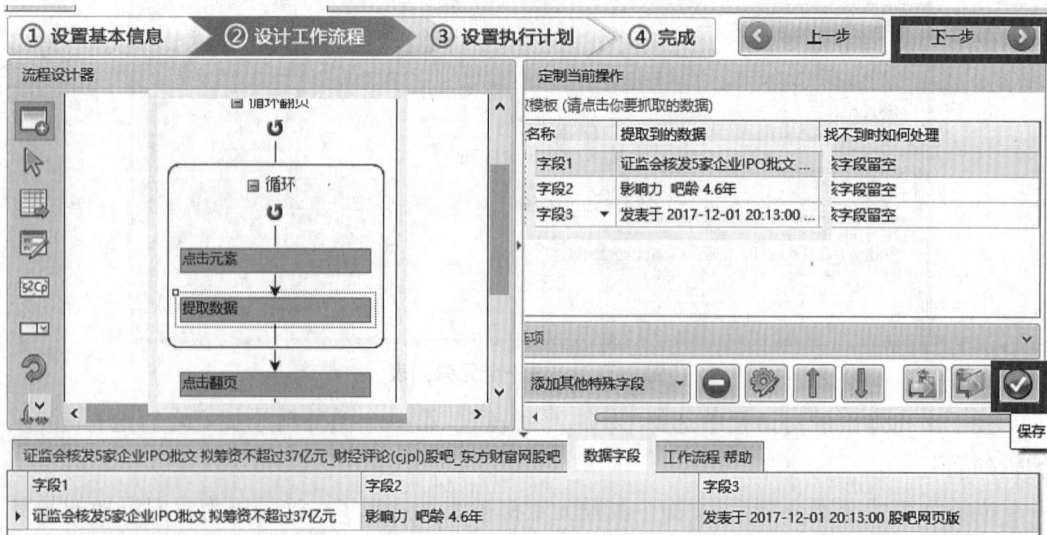

图 3-64　采集列表

点击图 3-64 中的"下一步","下一步","启动单机采集"。系统将会在本地执行采集流程并显示最终采集的结果,如图 3-65 所示。

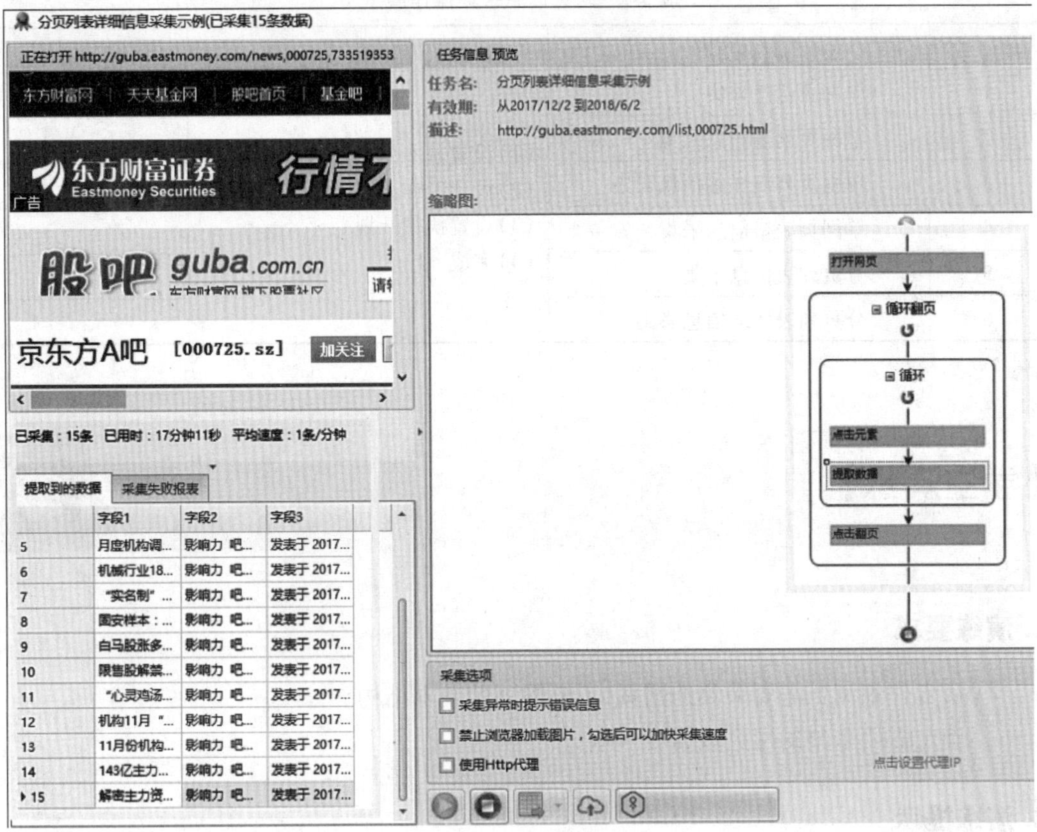

图 3-65 采集结果

【教师演示】

1. 演示目的

互联网信息是数据分析基础的、重要的原始数据。采集网页信息是获取原始数据的重要渠道。以某网页采集器为例介绍网页数据采集工具的使用规则,演示网页数据采集技巧,在网页数据采集任务过程中更加形象具体地认识数据准备工作的内容、意义等。

2. 演示内容

表 3-1　网页信息采集操作演示

序　号	演示内容	演示要点	时　间
1	单网页信息采集		
2	单网页列表信息采集	（1）设置基本信息 （2）设计工作流程 （3）设置执行计划 （4）完成	
3	单网页列表详细信息采集		
4	单网页表格信息采集		
5	分页列表信息采集		
6	分页列表详细信息采集		

【学生演练】

1. 演练要求

①认真仔细浏览需要采集的网页，了解网页的基本结构。

②确定需要采集的网页数据。

2. 演练提示

①该网页采集器研发有多个版本，本练习使用的是免费版，但提供的是与付费版本一样的功能。

②由于没有人可以保证该网页采集器一直免费提供，因此若软件下载网站关闭或者改为收费，这项网页采集器将无法继续使用。虽然此种情况发生的概率不高，但是仍然需要注意。

学习性工作任务单

任务名称:×××网页数据采集　　　　　　　　　　　制订时间:

小组成员:

学习目标转化

根据【学生演练】的要求与提示,参考【教师演示】的内容,将学习目标转化为工作任务目标。

工作任务分解

围绕工作任务目标,明确并细化工作任务。

任务完成进度

完整记录工作任务完成进度。

学习成果

简单描述完成工作任务后的学习收获。

疑难知识

简单描述学习过程中遇到的困难。

指导记录

导师点评、答疑、教学反思。

【任务实施2】

用 Excel 处理 B2C 网站数据

1）数据导入

通常需要使用 Excel 处理数据的时候，我们首先需要把一些文件导入 Excel 表格中。数据导入可以通过"数据"标签项中的"获取外部数据"功能组实现，操作步骤如下所述。

打开 Excel 2010，点击"数据""获取外部数据""自文本"，如图 3-66 所示。在"导入文本文件"窗口中选择需要导入的文件，点击"导入"。

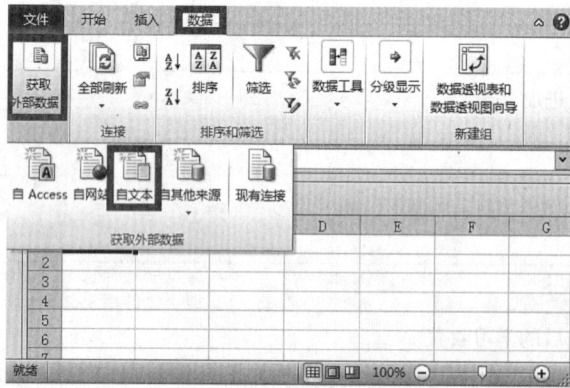

图 3-66　导入文本数据

在弹出"文本导入向导"对话框中选择"分隔符号"，点击"下一步"，如图 3-67 所示。

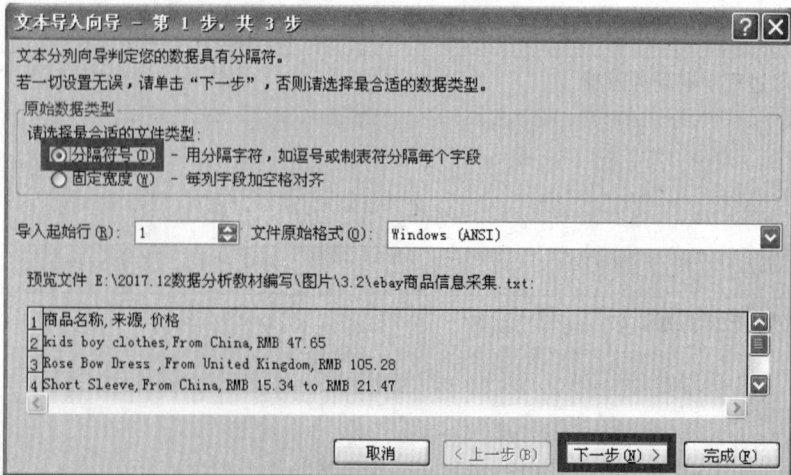

图 3-67　文本导入向导第 1 步

"文本导入向导"对话框中选择"逗号",点击"下一步",如图 3-68 所示。

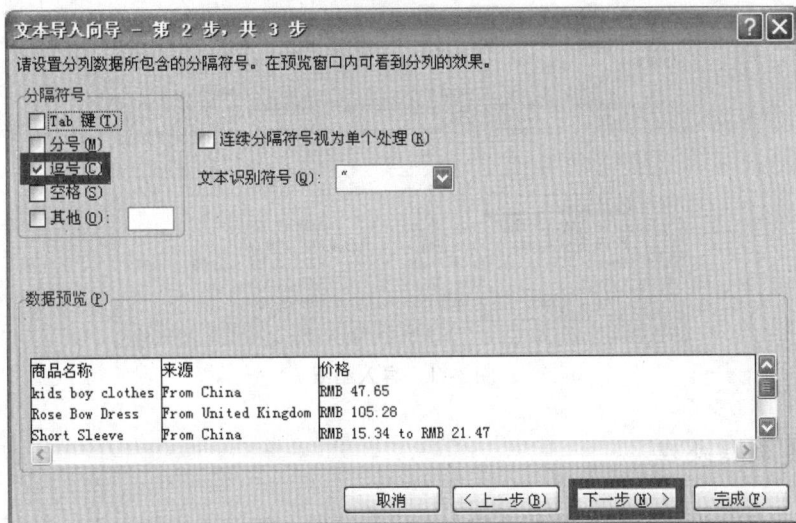

图 3-68　文本导入向导第 2 步

"文本导入向导"对话框选择"文本"或者"常规",点击"完成",如图 3-69 所示。

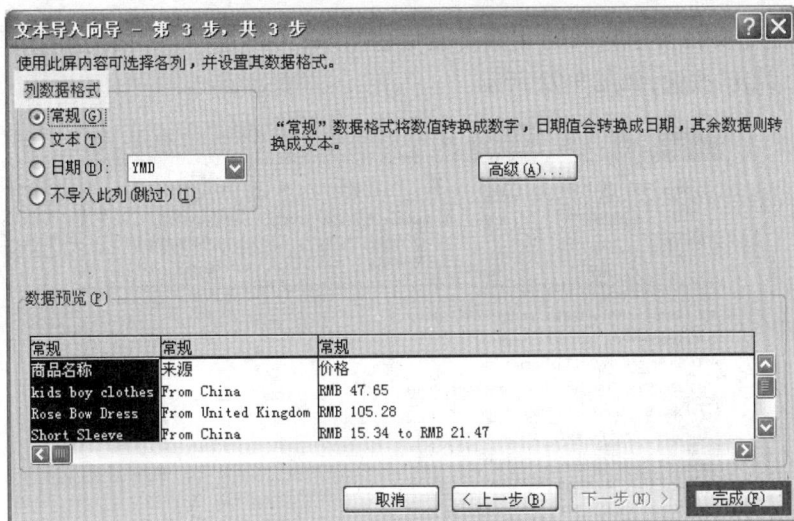

图 3-69　文本导入向导第 3 步

弹出对话框"导入数据",选择"新工作表",按"确定"按钮即可,如图 3-70 所示。

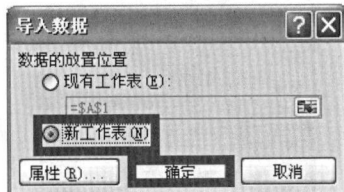

图 3-70　导入新工作表

返回 Excel 工作表,就可以看到数据的导入情况,如图 3-71 所示。

图 3-71　导入结果

2）重复数据处理

采集网页信息形成的原始数据通常存在重复情形。如何识别和去重？下面介绍 Excel 中两种常用方法。

（1）高级筛选法

如果只是需要将目标数据的非重复值筛选出来，可以选择"数据"选项卡下"排序筛选"组中的"高级"按钮，如图 3-72 所示。

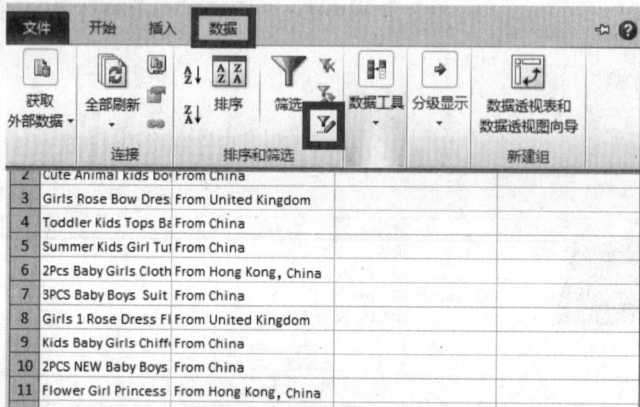

图 3-72　高级筛选法步骤 1

在弹出的对话框中进行设置，如图 3-73 所示。

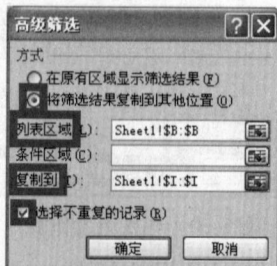

图 3-73　高级筛选法步骤 2

点击"确定"后,处理结果如图3-74所示。红框部分为"来源"数据的非重复项。

图3-74　高级筛选法步骤3

(2)条件格式法

Excel 2010里面内设标识重复项的功能。打开Excel目标文件,如图3-75所示。

图3-75　条件格式法步骤1

选择"开始""条件格式""突出显示单元格规则""重复值",如图3-76所示。

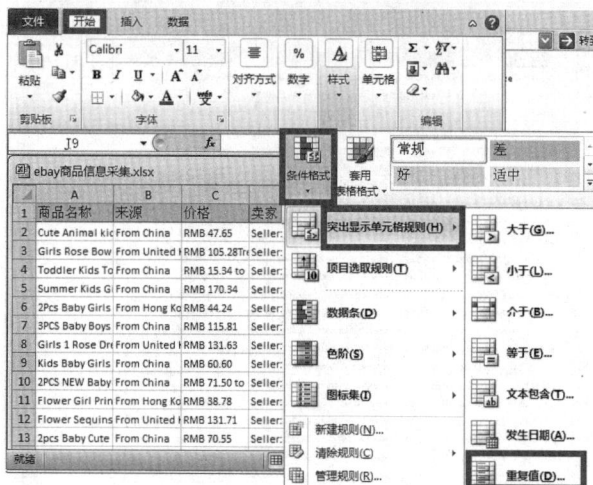

图3-76　条件格式法步骤2

可以在弹出的对话框中把重复的数据标注为红色,点击"确定",如图 3-77 所示。

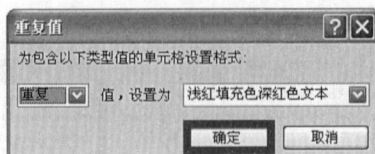

图 3-77　条件格式法步骤 3

重复数据处理部分结果如图 3-78 所示。

图 3-78　条件格式法步骤 4

3）缺失数据处理

Excel 表中如果出现缺失数据,一般表现为空值或者错误表示符,运用"定位条件"和"查找替换"功能可以进行缺失数据的处理,原始数据如图 3-79 所示。

图 3-79　缺失数据示例

　　原始数据中"F 列"项目为"已售",具体包括"x+sold""x+watching""x% off",分别表示"已销售的数""关注数""折扣值"。要求将"F 列"的缺失数据全部标记为"0",便于后期数据分析。

　　在 Excel"开始"主选项卡的"编辑"功能区下拉菜单里选择"定位条件",或者直接使用快捷键"Ctrl+G",如图 3-80 所示。

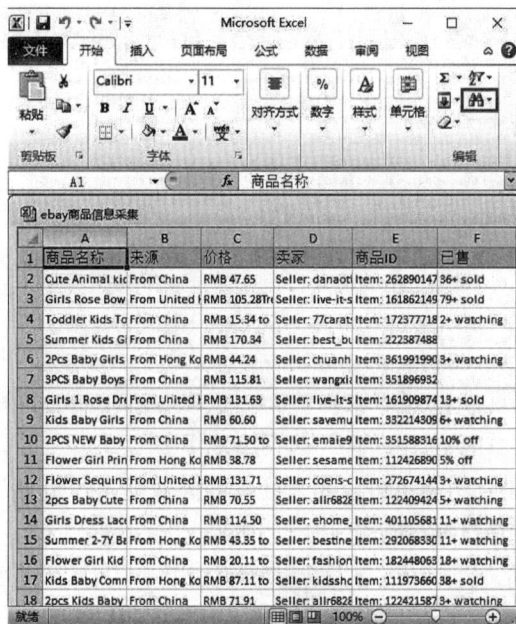

图 3-80　定位操作 1

　　弹出"定位"对话框,选择"条件定位""空值",如图 3-81、图 3-82 所示。

图 3-81　定位操作 2

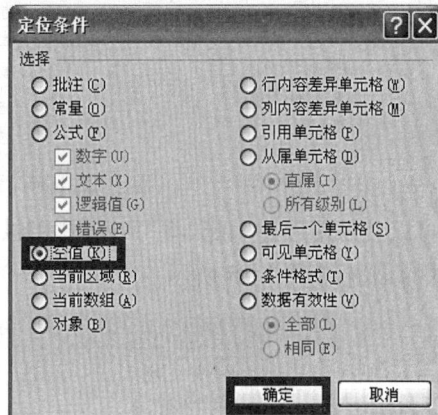

图 3-82　定位操作 3

　　点击"确定"后,直接输入"0",按"Ctrl+Enter",空值单元格一次性全部输入"0",如图 3-83 所示。

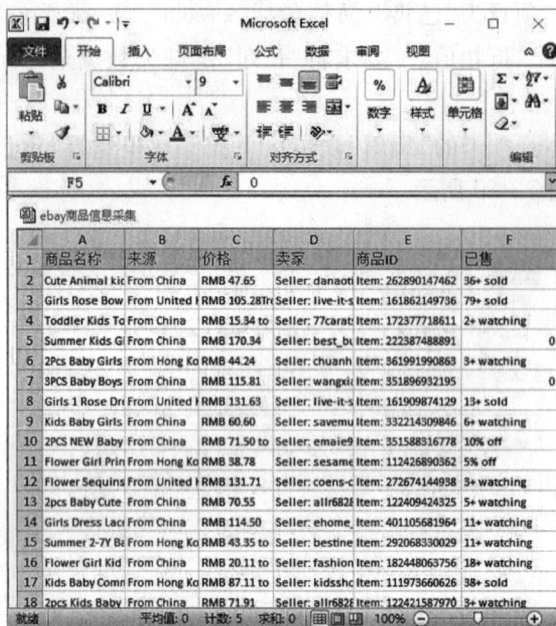

图 3-83　定位操作 4

Excel 中的"查找替换"功能也可以用来处理缺失数据,在"开始"选项卡的"编辑"功能区中可以找到此功能,如图 3-84 所示。

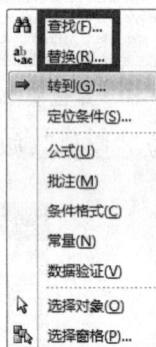

图 3-84　查找替换操作 1

可以尝试使用此功能,将"F 列"中的缺失数据全部标记为"0"。查找替换功能"选项"按钮中的细节如图 3-85 所示。

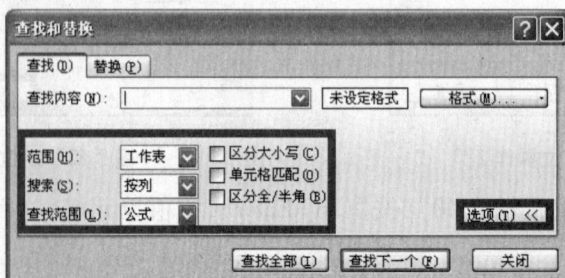

图 3-85　查找替换操作 2

图 3-86 所示为某网店订单数据。通过查找替换功能可以将"Ð 列"中手机订单标注为"M"。

	A	B	C	D
1	booking number	logistics	Cancelled Orders	类型
2	NO.012	圆通		PC
3	NO.023	圆通		mobile
4	NO.074	圆通		mobile
5	NO.115	圆通		mobile
6	NO.126	圆通		mobile
7	NO.217	圆通		mobile
8	NO.218	圆通		mobile
9	NO.319	圆通	退款	mobile
10	NO.520	圆通		Mobile
11	NO.551	圆通		mobile
12	NO.652	圆通		mobile
13	NO.723	圆通		mobile
14	NO.774	圆通		mobile
15	NO.815	圆通		mobile
16	NO.826	圆通		mobile
17	NO.947	圆通		mobile
18	NO.968	圆通		mobile
19	NO.989	圆通		mobile
20	NO.990	圆通		mobile

图 3-86　查找替换操作 3

若查找单元格内容需要区分大小写,勾选如图 3-85 所示对话框中"区分大小写"选项,替换结果上的变化如图 3-87 所示。

	booking number	logistics	Cancelled Orders	类型
1	booking number	logistics	Cancelled Orders	类型
2	NO.012	圆通		PC
3	NO.023	圆通		M
4	NO.074	圆通		M
5	NO.115	圆通		M
6	NO.126	圆通		M
7	NO.217	圆通		M
8	NO.218	圆通		M
9	NO.319	圆通	退款	M
10	NO.520	圆通		Mobile
11	NO.551	圆通		M
12	NO.652	圆通		M
13	NO.723	圆通		M
14	NO.774	圆通		M
15	NO.815	圆通		M
16	NO.826	圆通		M
17	NO.947	圆通		M
18	NO.968	圆通		M
19	NO.989	圆通		M
20	NO.990	圆通		M

图 3-87　查找替换操作 4

4) 错误数据处理

使用 Excel 能够控制和检查数据统计中存在的错误。假设某一网店邀请新老客户参加"最喜爱宝贝"有奖调查活动,请每位客户从店铺热销的 5 款商品中选择不超过 3 件自己喜爱的宝贝。调查数据经过采集导入 Excel 表格中,截取部分数据展示如图 3-88 所示。

要求：单元格值为0或1、非空且每行不得超过3个1，圈出无效数据并进行逻辑检查，用"正确""错误"标出。					逻辑检查
0	1	1	1	1	0
1	0	1	1	1	1
1	0	0	1		0
1	1	1	1	1	0
1	1	1	1	1	0

图 3-88　数据示例

图 3-88 中"0"表示未选择，"1"表示选择，空值和非"0""1"的数据都是错误的，一行超出 3 个"1"，该行存在错误。

(1)圈出表格中的无效数据

选择表中 B3：F7 区域，点击"数据""数据有效性"，如图 3-89 所示。

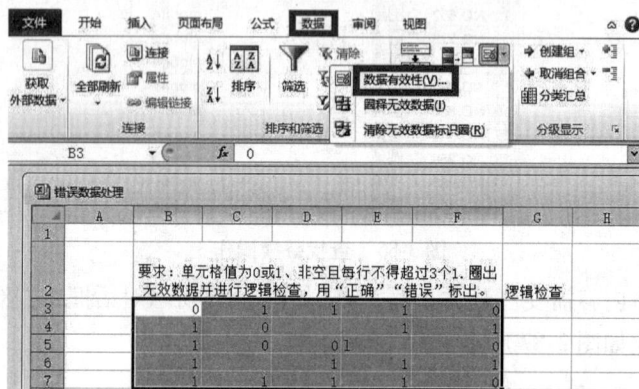

图 3-89　数据有效性检查操作 1

弹出窗口中有效条件设置为"序列"，取消勾选"忽略空值"，单击"确定"，如图 3-90 所示。

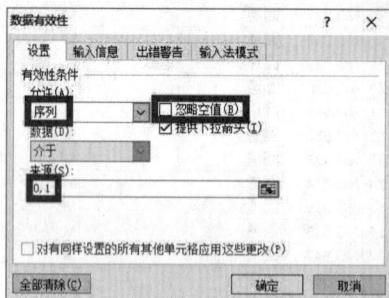

图 3-90　数据有效性检查操作 2

选择"数据有效性"下拉菜单中"圈释无效数据"，操作如图 3-91 所示。

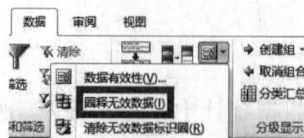

图 3-91　数据有效性检查操作 3

显示结果如图 3-92 所示。

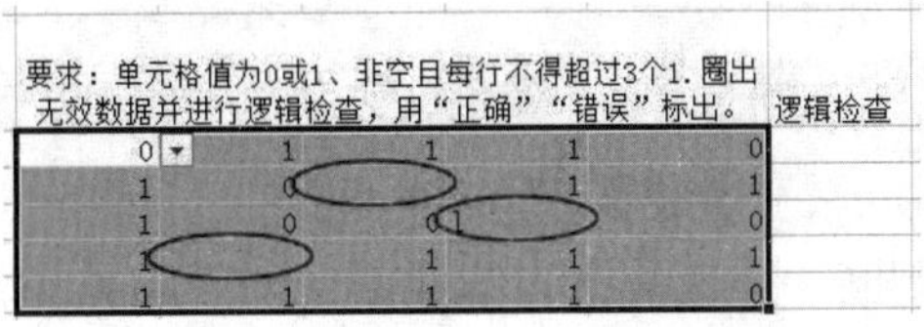

图 3-92 数据有效性检查结果

（2）使用 COUNTIF 函数进行逻辑检查

检查 B3:F3 区域，在 G3 单元格输入公式如图 3-93 所示。

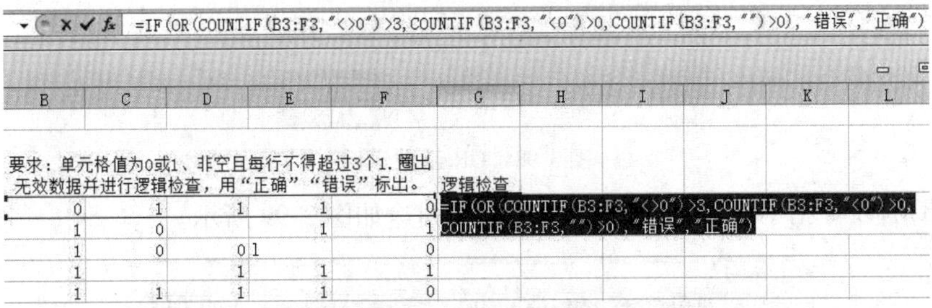

图 3-93 函数逻辑检查

G4:G6 已有红圈圈释无效数据，将 G3 中的公式复制填充到 G7，检验结果如图 3-94 所示。

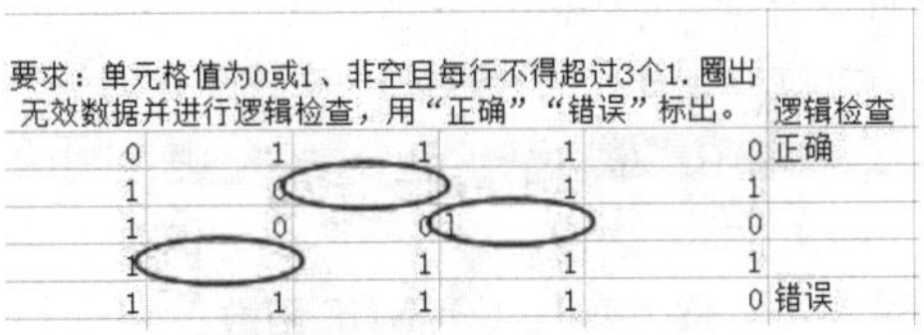

图 3-94 函数逻辑检查结果

这里用到 IF 函数、OR 函数和 COUNTIF 函数。IF 函数是判断语句，用途如图 3-95 所示。

图 3-95 IF 函数

通过举例说明 IF 函数，如图 3-96 所示。

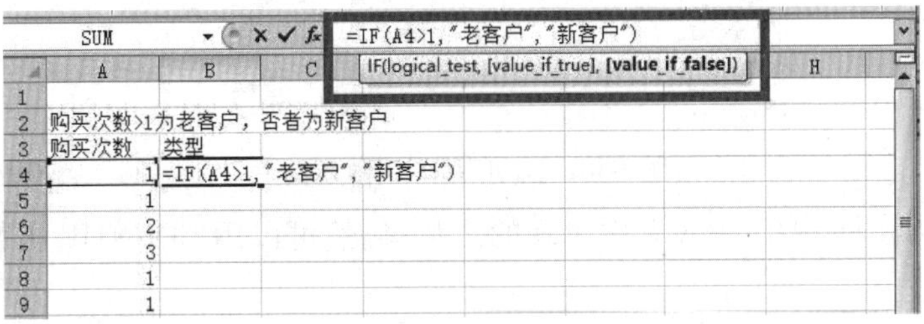

图 3-96 IF 函数示例

OR 函数用途如图 3-97 所示。

图 3-97　OR 函数

举例说明 OR 函数：判断一个数值是否落在指定的区间外。判断数字 18，是否落在区间(10,15)以外，返回结果为 TURE。判断数字 14，是否落在开区间(10,15)以外，返回结果为 FALSE，操作示例如图 3-98 所示。

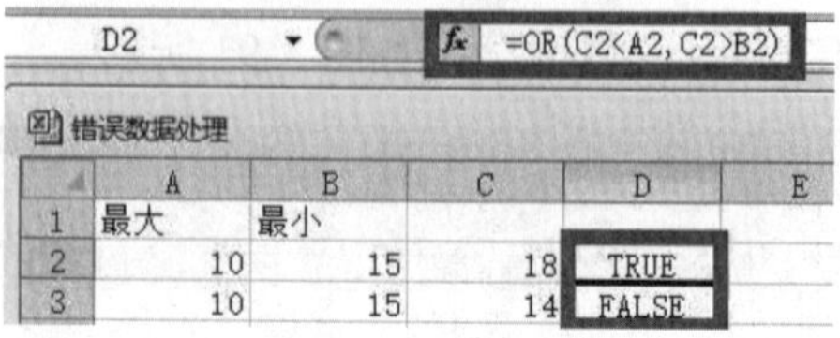

图 3-98　OR 函数示例

与 OR 函数对比学习 AND 函数，AND 函数用途如图 3-99 所示。

图 3-99　AND 函数

试试在 Excel 中用 AND 函数判断 18，14 是否在(10,15)区间内。

COUNTIF 函数用途如图 3-100 所示。

图 3-100　COUNTIF 函数

举例说明 COUNTIF 函数：如图中 A 列是网店客户 ID，计算每一 ID 在 A 列中出现的次数，在 B1 单元格中输入函数公式。下拉 B1 单元中公式到 B2:B9，即可得到每一个 ID 在 A 列中出现的次数，如图 3-101 所示。

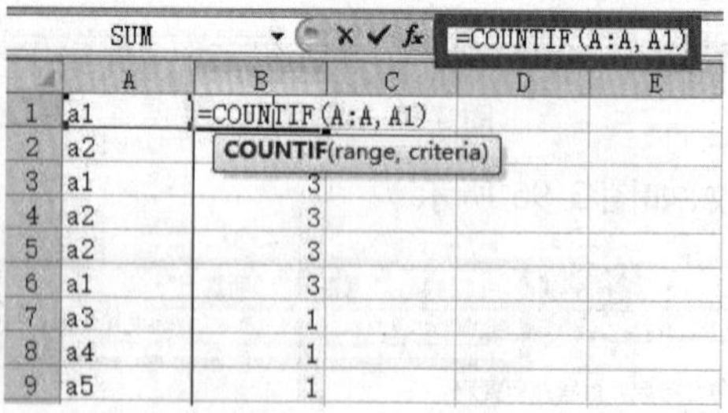

图 3-101　COUNTIF 函数示例 1

若要依次标注每一 ID 在 A 列中出现的次数，仍然可以用 COUNTIF 函数，具体操作如图 3-102 所示。

图 3-102　COUNTIF 函数示例 2

5）数据抽取

数据抽取包括字段分列、字段合并和字段匹配。以某店铺的发货地址信息为例，需要将发货地址分列成三列字段，有助于达到细分客户来源的目的，操作过程如下所示。

（1）字段分列

选择需要进行字段分列的数据区域，单击"数据""分列"，选择"分隔符号"，如图 3-103 所示。

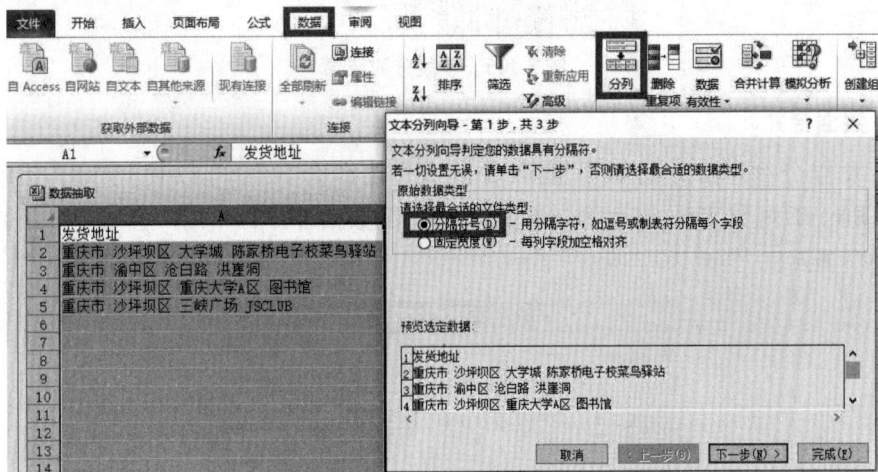

图 3-103　字段分列操作 1

选择"空格"选项，观察数据预览区域，如图 3-104 所示。

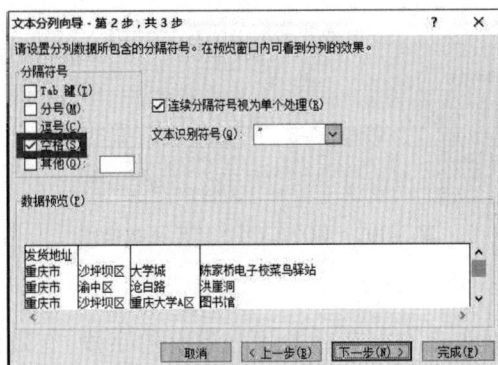

图 3-104　字段分列操作 2

若数据分列为三列,可忽略第四列。点击忽略列,选择"不导入此列",如图 3-105 所示。

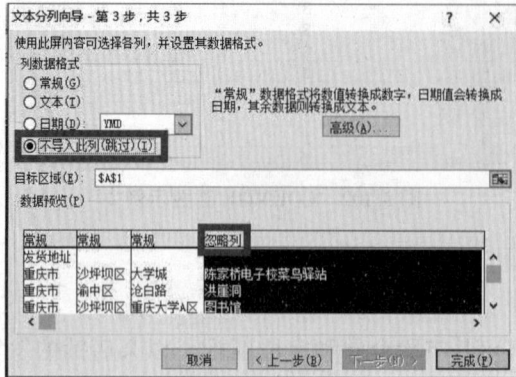

图 3-105　字段分列操作 3

点击"完成",结果如图 3-106 所示。

图 3-106　字段分列结果

(2)数据合并

与"数据分列"相对的数据抽取方式是"数据合并",可以使用"&"运算符或 CONCATENATE 函数实现,以上例结果为例,将三列数据合并为一列。应用"&"函数,操作如图 3-107 所示。

图 3-107　"&"函数操作

应用 CONCATENATE 函数,操作如图 3-108 所示。

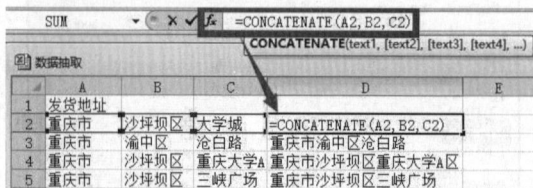

图 3-108　CONCATENATE 函数操作

(3)数据匹配

数据匹配是将原数据表没有但其他数据表中有的字段,有效地匹配过来,经常使用

VLOOKUP 函数来实现。VLOOKUP 函数功能如图 3-109 所示。

图 3-109　VLOOKUP 函数

VLOOKUP 函数参数,如图 3-110 所示。

图 3-110　VLOOKUP 函数参数

VLOOKUP 函数参数解释,见表 3-2。

表 3-2　VLOOKUP 函数参数解释

参　数	理　解
Lookup_value	找啥?
Table_array	哪儿找?
Col_index_num	Column "列"
Range_lookup	精确/模糊,false(0)/ true(1)

请用 VLOOKUP 函数从 lookup 表中查找相关数据填写 lookup 2 表中 E、F 列内容。lookup 表如图 3-111 所示,lookup 2 表如图 3-112 所示。

图 3-111　lookup 表截图

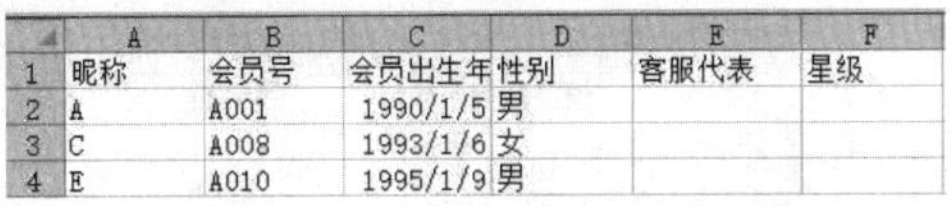

图 3-112　lookup 2 表截图

单元格 E2 中 VLOOKUP 函数设置参数,如图 3-113 所示。

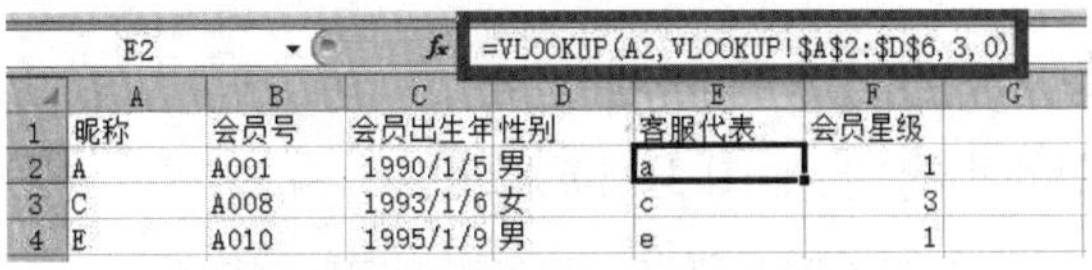

图 3-113　单元格 E2 设置

单元格 F2 中 VLOOKUP 函数设置参数,如图 3-114 所示。

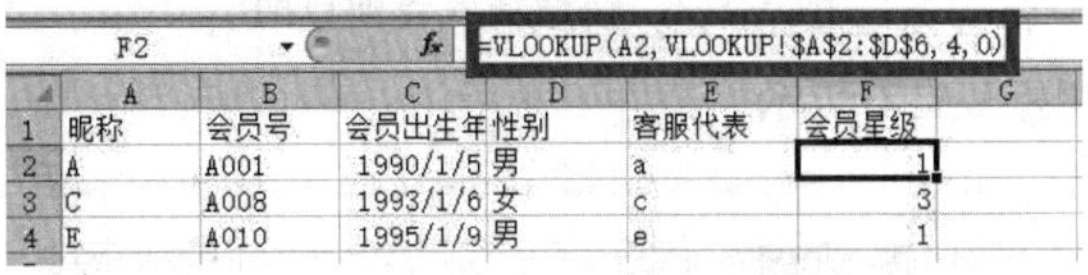

图 3-114　单元格 F2 设置

6)数据分组

VLOOKUP 函数使用比较广泛,例如需要对“买家实际支付金额”进行分组,同样可以使用 VLOOKUP 函数实现。

在表格空白处制定分组标准,0 ~ 100,100 ~ 500,500 以上,如图 3-115 中 L 列。其中“阈值”是指每组覆盖范围中的最小值。

单元格 J2 中设置 VLOOKUP 函数参数,如图 3-115 所示。注意参数 Range_lookup 填写“1”或“TRUE”,表示模糊查找。

在单元格 J2:J7 进行 VLOOKUP 函数填充。

J2 =VLOOKUP(I2,$K$2:$L$4,2,1)

	I	J	K	L	M	N
1	订单金额	金额区间	阈值	分组		
2	12	0~100	0	0~100		
3	354	100~500	100	100~500		
4	36	0~100	500	500以上		
5	456	100~500				
6	566	500以上				
7	188	100~500				

图 3-115　数据分组操作

7)数据计算

(1)加、减、乘、除运算

如何在 Excel 中进行简单的加、减、乘、除运算?除了可以用“+、-、*、/”运算符,最常使用的是 SUM、AVERAGE 函数。

如图 3-116 所示,求和 D2:D6,点击空格输入“=SUM(D2:D6)”;求 D2:D6 平均值,点击空格输入“=AVERAGE(D2:D6)”。

	A	B	C	D
1	宝贝	销售数量	单价	销售额
2	a	2	10	
3	b	3	20	
4	c	4	10	
5	d	7	15	
6	e	8	9	

图 3-116　SUM 和 AVERAGE 操作

(2)日期的加减法

快速输入当前日期的小窍门,如图 3-117 所示。

	A	B	C
1	时间显示	公式	快捷键
2	2017/12/26	=TODAY( )	ctrl+;
3	2017/12/26 14:36	=NOW( )	ctrl+shift+;

图 3-117　快速输入当前日期

DATE 函数功能如图 3-118 所示。

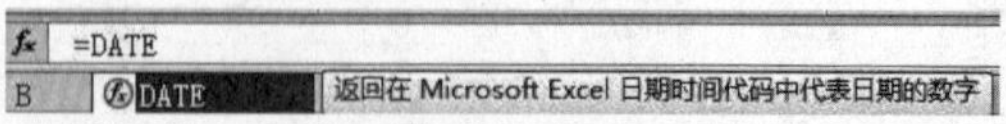

图 3-118　DATE 函数

DATE 函数参数如图 3-119 所示。

图 3-119 DATE 函数参数

经常会在 Excel 中进行时间加减运算,举例如图 3-120 所示。

E	F	G
任务:E2时间增加1年1月1日	时间显示	公式
2017/12/26	2019/1/27	=DATE(YEAR(E2)+1, MONTH(E2)+1, DAY(E2)+1)

图 3-120 时间加减运算

计算两个日期之间年、月、日时间差,举例如图 3-121 所示。

	A	B	C	D	E
1	开店时间	2016/10/18	1	=DATEDIF(B1,B2,"Y")	B1,B2时间间隔"整年数"
2	现在日期	2017/12/26	14	=DATEDIF(B1,B2,"M")	B1,B2时间间隔"整月数"
3			434	=DATEDIF(B1,B2,"D")	B1,B2时间间隔"天数"
4			8	=DATEDIF(B1,B2,"MD")	B1,B2时间间隔"天数差",忽略年月形成的时间差
5			2	=DATEDIF(B1,B2,"YM")	B1,B2时间间隔"月数差",忽略年形成的时间差
6			69	=DATEDIF(B1,B2,"YD")	B1,B2时间间隔"天数差",忽略年形成的时间差

图 3-121 计算两个日期时间差

8)数据转换

Excel 2010 行列转化操作非常简便。

复制数据区域 A1:D4,点击行列转化后起始单元格 F1,点击鼠标右键选择粘贴方式"转置",如图 3-122 所示。

图 3-122 数据转置操作

运用 Excel 将二维表转化为一维表的情形是非常普遍的。Alt+D,松开再按 P,快捷打开数据透视表对话框,选择如图 3-123 所示。

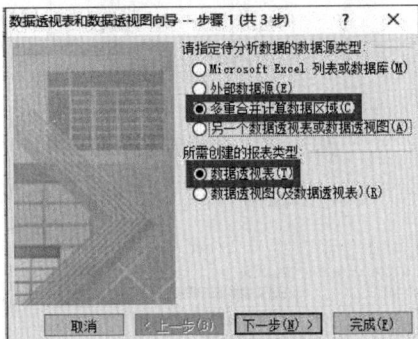

图 3-123 数据透视向导步骤 1

数据透视表和数据透视图向导窗口设置如图 3-124、图 3-125 所示。

085

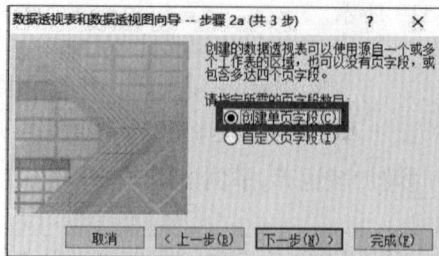

图 3-124　数据透视向导步骤 2

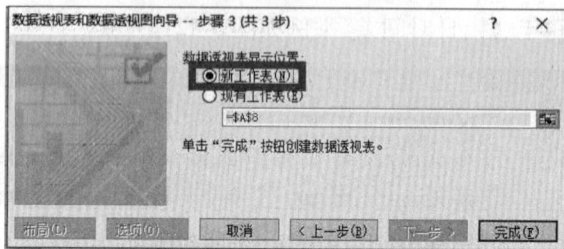

图 3-125　数据透视向导步骤 3

点击"完成"，即可完成数据透视表的创建，如图 3-126 所示。

⊿	A	B	C	D	E
1	页1	(全部) ▼			
2					
3	求和项:值	列标签 ▼			
4	行标签 ▼	2015年	2016年	2017年	总计
5	A	7798	8909	15035	31742
6	B	2345	5436	95782	103563
7	C	10056	23476	24568	58100
8	总计	20199	37821	135385	193405

图 3-126　数据透视表结果

在"新工作表"中双击 E8，Excel 自动创建又一新工作表，并基于原二维表生成一维表，如图 3-127 所示。

⊿	A	B	C	D
1	行 ▼	列 ▼	值 ▼	页1 ▼
2	A	2015年	7798	项1
3	A	2016年	8909	项1
4	A	2017年	15035	项1
5	B	2015年	2345	项1
6	B	2016年	5436	项1
7	B	2017年	95782	项1
8	C	2015年	10056	项1
9	C	2016年	23476	项1
10	C	2017年	24568	项1

图 3-127　创建新工作表

选中 A1：D10 区域，单击"设计→表格样式→无"。点击"工具→转换为区域"，如图 3-128 所示。

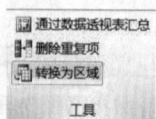

图 3-128　数据转换

弹出对话框点击"是",二维表转为一维表,如图 3-129 所示。根据数据处理的具体需求可以删除多余的 D 列。

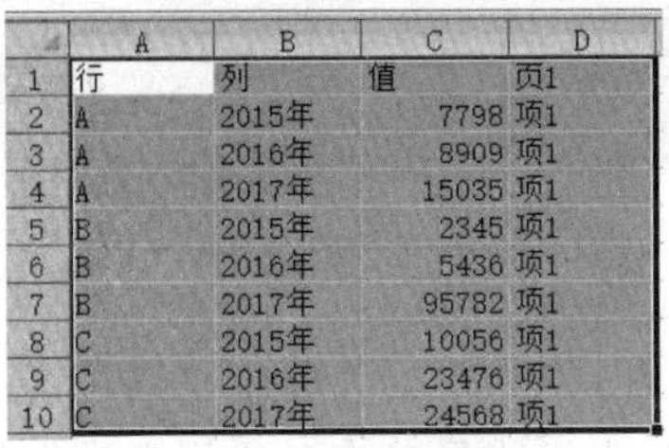

图 3-129　转换结果

【教师演示】

1. 演示目的

Excel 作为普及型数据处理工具,能处理绝大部分电子商务活动中的数据。通过实操 Excel 工具演示对 B2C 网站数据的处理,学习者可形象认知电子商务中的"数据处理",并能熟练使用 Excel 工具简单处理原始数据。

2. 演示内容

数据处理演示内容见表 3-3。

表 3-3　数据处理演示内容

序　号	演示内容	演示要点	时　间
1	数据导入	(1)从"获取外部数据"导入	
2	重复数据处理	(2)使用"排序筛选"组中"高级"按钮筛选非重复值 (3)使用"条件格式"标识重复数据	
3	缺失数据处理	(4)"定位条件"和"查找替换"处理缺失数据	
4	错误数据处理	(5)"数据有效性"判断数据的正误 (6)COUNTIF、IF、OR 函数组合检查数据的逻辑性	
5	数据抽取	(7)使用"分列"处理数据 (8)"&"运算或 CONCATENATE 函数合并数据 (9)使用 VLOOKUP 函数进行两张表格间的数据匹配	
6	数据分组	(10)使用 VLOOKUP 函数进行数据分组	
7	数据计算	(11)使用 SUM、AVERAGE 函数进行数据计算 (12)TODAY、NOW、DATE、DATEDIF 函数处理时间数据	
8	数据转换	(13)"转置"处理表格行列转化 (14)"数据透视表"将二维表转化为一维表	

【学生演练】

1. 演练要求

①观察已采集的网页数据,小组成员各自独立思考数据处理方案。

②经过小组讨论制定具体可行的数据处理方案,并根据制定的方案进行数据处理。

2. 演练提示

①利用 Excel 练习数据处理的重点在于掌握条件格式和查找、替换、定位技巧。另外需要牢记于心的数据处理四大"关键词"——数据抽取、数据计算、数据分组和数据转换。

②无法利用 Excel 工具处理的数据,首先记录下原始数据及希望处理后的效果,再通过提问、讨论、搜索等多种渠道寻求帮助。

学习性工作任务单

任务名称:×××数据处理　　　　　　　　　　　　　　　制订时间:

小组成员:

学习目标转化
根据【学生演练】的要求与提示,参考【教师演示】的内容,将学习目标转化为工作任务目标。

工作任务分解
围绕工作任务目标,明确并细化工作任务。

任务完成进度
完整记录工作任务完成进度。

学习成果
简单描述完成工作任务后的学习收获。

疑难知识
简单描述学习过程中遇到的困难。

指导记录
导师点评、答疑、教学反思。

任务四
数据分析

【任务描述】

　　通过教材来学习如何进行电子商务数据分析是非常困难的,在经验丰富的数据分析师手下学习、训练和练习,以及在真实项目中不断完善技能才是王道。本任务以计算机或统计学零基础学习者为阅读对象,以介绍常用数据分析方法和实用数据分析工具(Excel)为内容核心通俗易懂地完成电子商务数据分析个案演绎。

【知识准备】

1. 数据分析方法

　　数据本身是对事物的客观记录,使用分析方法让数据产生了分析结果,结果中包含着分析价值。因此,了解分析结果是如何产生的,对于肯定数据价值而言非常重要。如果有人还怀疑电子商务活动中数据分析的价值,至少说明怀疑者对数据分析方法还不甚了解。在数据分析应用的高级阶段,我们往往用数据挖掘技术这一说法取代数据分析方法这一概念。"挖掘技术"的提法使怀疑者对普遍存在"分析方法"感到神秘、高深,因而不去了解数据分析方法。

　　数据分析方法并不是分析电子商务活动中产生的特殊方法。我们常听说的对比分析、分组分析、平均分析、交叉分析等方法是基础部分,后面任务实施部分将进行重点说明。另外,诸如相关分析、分类分析、聚类分析、概念描述等方法是高级部分,暂不展开说明。无论是基础的数据分析方法还是高级的数据挖掘技术,要想掌握放之四海而皆准的数据分析技能,对数据分析任务的反复操练是必不可少的。徒弟在经验丰富的师傅手下训练,专注于实践与验证,不仅能掌握数据分析这项技能,还将提升思维能力。

2. 数据分析工具

　　我们把数据分析技术比喻成烹饪技术。学徒拜师学艺，师傅即使会烹饪各种色香味俱全的美食，但在没有烹饪设备的厨房，师傅也只能纸上谈兵。厨房的烹饪设备是厨师的工具，通常烹饪学徒关注的是如何熟练操作这些工具，而不是琢磨这些工具是什么之类的抽象概念。学习数据分析和练习美食烹饪一样，是通过对工具的不断操练掌握技术的过程。因此不能脱离数据分析工具抽象地谈论数据分析方法，而是要结合电子商务数据分析案例专注于如何纯熟地使用具体的数据分析工具。

【任务实施1】

网店运营数据分析

1）对比分析法

　　对比分析法是指将两个或者两个以上的数据进行比较，分析它们的差异，从而揭示这些数据所代表的事物发展变化情况和规律。例如：店铺本月订单数与上月订单数对比（称为环比），与去年相同月份订单数对比（称为同比）。又例如：促销活动前店铺的每日平均访问量，与活动期间平均每日访问量对比，同一类目下两家店铺运营情况的相关数据对比。

　　如果需要了解电子商务零售市场的整体趋势，可以关注"阿里指数"。阿里指数是专业的电子商务市场动向的数据分析平台，主要对整个淘宝市场的行业价格、供求关系、采购趋势数据进行统计和分析。我们可以在观察平台数据的过程中进一步学习各种数据分析方法。

　　图4-1所示为淘宝市场上某日关注指数上升位次前三名的宝贝。"摇杆拳皇"关注指数为85 767，上升163位，排行第一。

图4-1　关注指数

　　请思考这里是否运用了数据对比分析方法？

　　图4-2展示的是同一日关注指数上升位次排行4～10位的宝贝。

关键词	关注指数	升降位次	
4	加绒加厚打底衫	17174	38 ↑
5	上衣女	16410	30 ↑
6	秋装	14320	29 ↑
7	女童打底裙裤加绒加厚	13196	29 ↑
8	针织衫	19353	28 ↑
9	床单四件套	25620	27 ↑
10	双肩包	12890	25 ↑

图 4-2　关键词排名

请观察如果以"关注指数"为标准,宝贝在排行榜中的位次有何改变?

在阿里指数-行业大盘的数据中,我们可以了解与查询行业相关的热门行业和潜力行业。图 4-3 展示的是与母婴用品相关的热门行业。

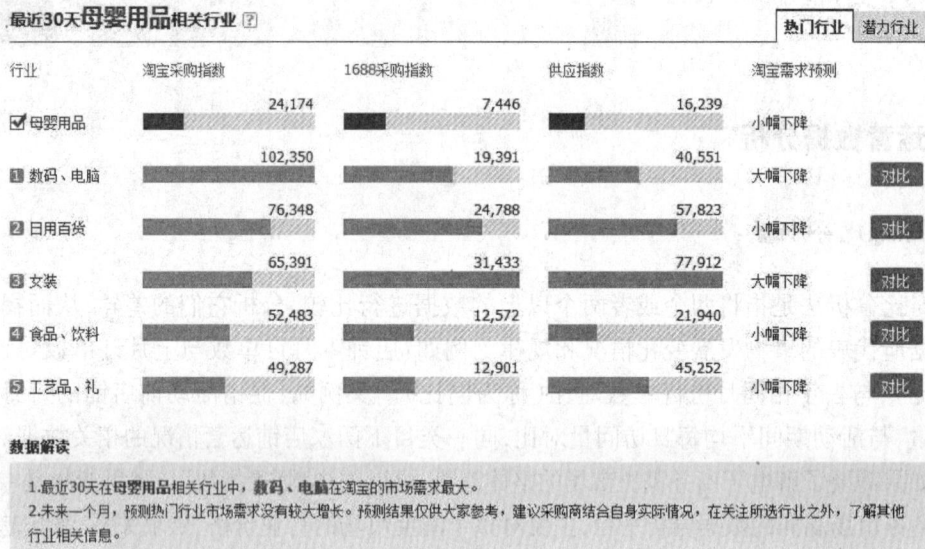

最近30天 母婴用品 相关行业				热门行业　潜力行业
行业	淘宝采购指数	1688采购指数	供应指数	淘宝需求预测
☑ 母婴用品	24,174	7,446	16,239	小幅下降
① 数码、电脑	102,350	19,391	40,551	大幅下降 对比
② 日用百货	76,348	24,788	57,823	小幅下降 对比
③ 女装	65,391	31,433	77,912	大幅下降 对比
④ 食品、饮料	52,483	12,572	21,940	小幅下降 对比
⑤ 工艺品、礼	49,287	12,901	45,252	小幅下降 对比

数据解读

1.最近30天在 母婴用品 相关行业中,数码、电脑在淘宝的市场需求最大。

2.未来一个月,预测热门行业市场需求没有较大增长。预测结果仅供大家参考,建议采购商结合自身实际情况,在关注所选行业之外,了解其他行业相关信息。

图 4-3　热门行业

淘宝采购指数是指根据在淘宝市场(淘宝集市+天猫)里所在行业的成交量计算而成的一个综合数值,指数越高表示在淘宝市场的采购量越多。

1688 采购指数是根据在 1688 市场里所在行业的搜索频繁程度计算而成的一个综合数值,指数越高表示在 1688 市场的采购量越多。

请对比热门行业中哪个行业最热?为什么?

图 4-4 展示的是与母婴用品相关的潜力行业。从图中淘宝采购指数与 1688 采购指数中,我们可以看到数据量最小的是能源淘宝采购指数,最大的是母婴用品淘宝采购指数。

请对两者进行比较,能得出什么结论?

对比分析法可以直观看出发生的变化和差距,而且可以精确量化。但采取对比分析法时一定要注意对比指标类型要一致,对比的对象要有可比性。

观察图 4-4 中的各项数据,能源淘宝采购指数与哪些数据具有可比性?与哪些数据不具可比性?

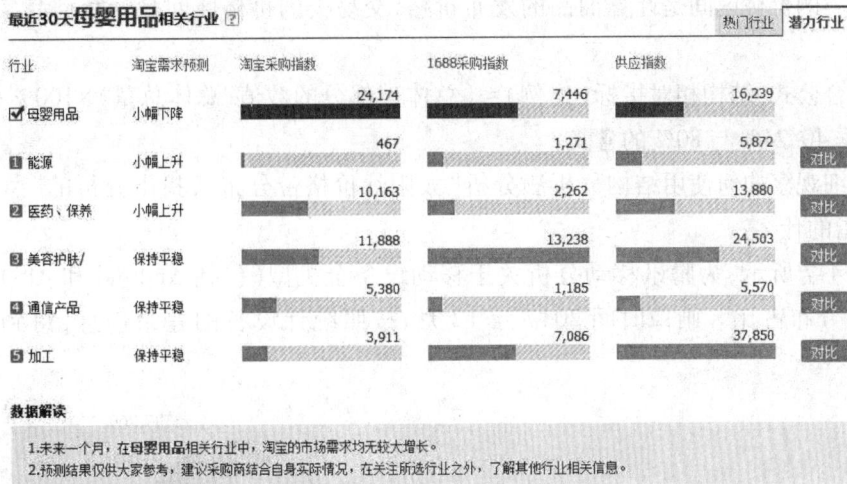

最近30天**母婴用品**相关行业 ⑦　　　　　　　　　　　　　　　　　　　　热门行业　**潜力行业**

行业	淘宝需求预测	淘宝采购指数	1688采购指数	供应指数	
☑ 母婴用品	小幅下降	24,174	7,446	16,239	
1 能源	小幅上升	467	1,271	5,872	对比
2 医药、保养	小幅上升	10,163	2,262	13,880	对比
3 美容护肤/	保持平稳	11,888	13,238	24,503	对比
4 通信产品	保持平稳	5,380	1,185	5,570	对比
5 加工	保持平稳	3,911	7,086	37,850	对比

数据解读

1.未来一个月，在母婴用品相关行业中，淘宝的市场需求均无较大增长。
2.预测结果仅供大家参考，建议采购商结合自身实际情况，在关注所选行业之外，了解其他行业相关信息。

图4-4　潜力行业

2) 结构分析法

结构分析法是指被分析总体内的各部分与总体之间进行对比的分析方法，即总体内各部分占总体的比例，属于相对指标。一般某部分的比例越大，说明其重要程度越高，对总体影响越大。结构相对指标（比例）的计算公式为：

$$结构相对指标（比例）= \frac{总体某部分的数值}{总体总量} \times 100\%$$

如图4-5所示，为1688平台上能源类目下"太阳灶"各个价格区间的浏览和交易占比情况，占比数据如图4-6所示。

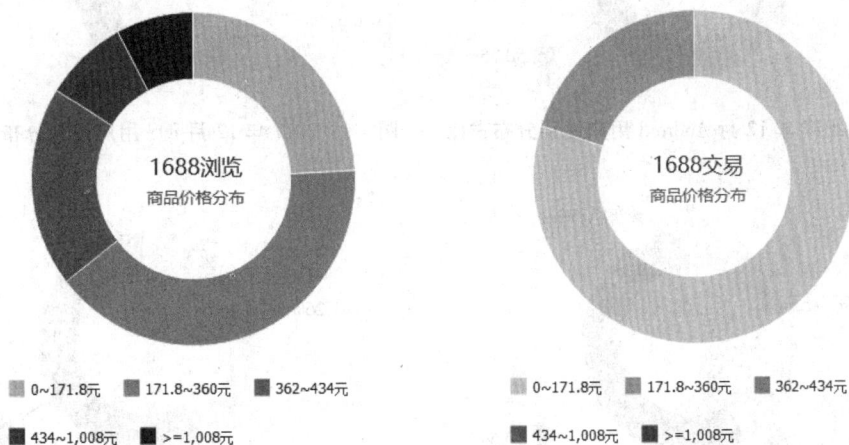

太阳灶价格带分布 ⑦

1688浏览
商品价格分布

1688交易
商品价格分布

■ 0~171.8元　　■ 171.8~360元　　■ 362~434元

■ 434~1,008元　　■ >=1,008元

数据解读

1.最近30天，1688市场的**太阳灶**行业，买家浏览最多的商品价格带为**171.8~360元**，采购最多的商品价格带为**0~171.8元**。
2.建议大家根据自身情况，控制采购或生产成本。

图4-5　价格分布

浏览类的价格区间是计算商品的发布价格,交易类的价格区间是计算商品实际成交单价。

请结合公式:结构相对指标(比例)=(总体某部分的数值/总体总量)×100%,说明图4-6中数据40.24%与80%的含义。

请仔细观察如何使用结构分析法分析"太阳灶价格带分布",指出分析的"总体""部分"分别指的什么?

如图4-7所示,为腾讯移动分析关于移动设备全机型(包括Android和iOS)用户画像的性别分布占比。画像时间2017年12月,按照统计设备的登录信息,得到的统计比率。

图4-6　占比数据

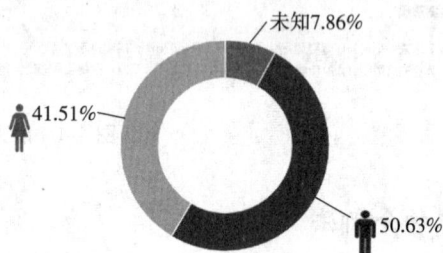

图4-7　2017年12月全机型用户性别分布占比

单纯看图4-7信息量有限,通过结构分析法很难从中得出更多的有用信息。试试观察更多占比图数据,如图4-8—图4-15所示。

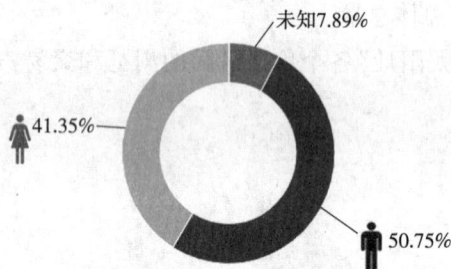

图4-8　2017年12月Android用户性别分布占比

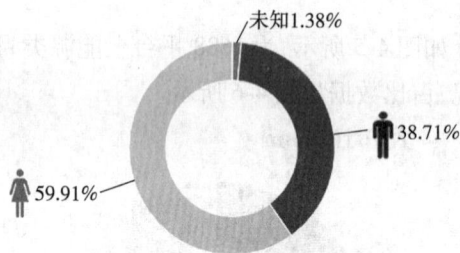

图4-9　2017年12月iOS用户性别分布占比

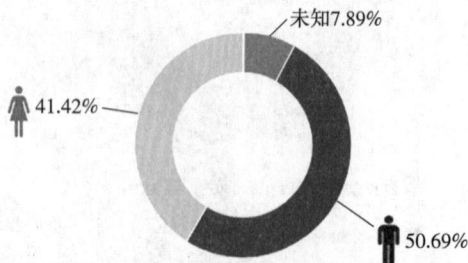

图4-10　2017年第四季度全机型用户性别
分布占比

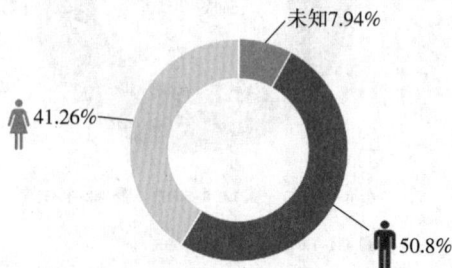

图4-11　2017年第四季度Android用户性别
分布占比

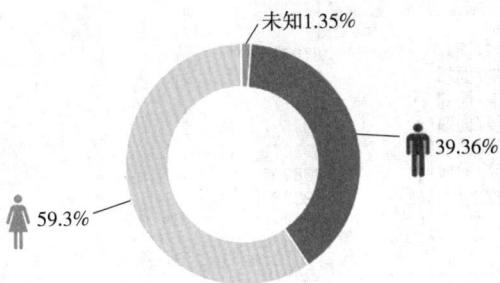

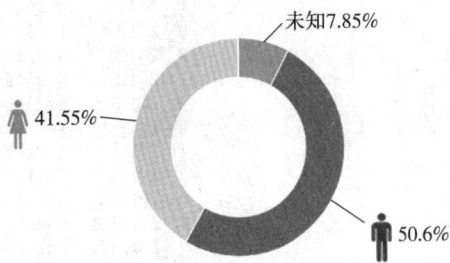

图 4-12　2017 年第四季度 iOS 用户性别分布占比　图 4-13　2017 年 12 月某周全机型用户性别分布占比

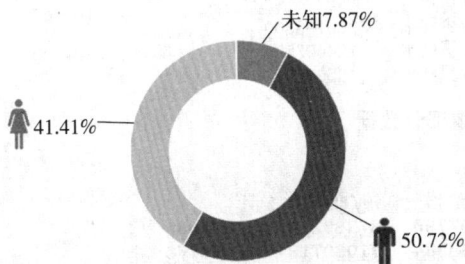

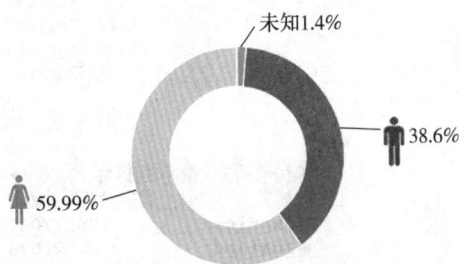

图 4-14　2017 年 12 月某周 Android 用户性别分布占比　图 4-15　2017 年 12 月某周 iOS 用户性别分布占比

请将图 4-7—图 4-15 中的数据填入图 4-16。

	A	B	C	D	E	F	G	H	I	J
1	维度一	女			男			未知		
2	维度二	季度	月	周	季度	月	周	季度	月	周
3	全机型									
4	Android									
5	iOS									

图 4-16　统计数据表

3）交叉分析法

交叉分析法通常用于分析两个变量之间的关系,即同时将两个有一定联系变量及其值交叉排列在一张表中,使各变量值成为不同变量的交叉结点,形成交叉表,从而分析交叉表中变量之间的关系。如何用交叉分析法分析数据呢?

如图 4-17 所示,是某跨境电商平台中整理截取的美容美肤商品成交量的部分数据。

经过交叉分析法分析后,数据展示如图 4-18 所示。

我们可以采用图 4-17 中的数据进行交叉分析得到图 4-18 这样的交叉表。对比图 4-17 与图 4-18,可以发现图 4-17 没有行标签,所有标签项集中在表格顶部,即"年月""地区""名称""成交量"。图 4-18 行标签为图 4-17"地区"所包含"American""England""Russia"3 项内容,列标签为图 4-17"名称"所包含的"化妆水/爽肤水""面膜/面膜粉""乳液/面霜"3 项内容。

095

▲	A	B	C	D
1	年月	地区	名称	成交量
2	2012\01	England	乳液/面霜	876648
3	2012\01	American	乳液/面霜	779587
4	2012\01	Russia	乳液/面霜	576776
5	2012\01	England	面膜/面膜粉	1839597
6	2012\01	American	面膜/面膜粉	1691071
7	2012\01	Russia	面膜/面膜粉	1338965
8	2012\01	England	化妆水/爽肤水	1723374
9	2012\01	American	化妆水/爽肤水	1589491
10	2012\01	Russia	化妆水/爽肤水	1280573
11	2012\02	England	乳液/面霜	70163070
12	2012\02	American	乳液/面霜	36619623
13	2012\02	Russia	乳液/面霜	42726830
14	2012\02	England	面膜/面膜粉	145405787
15	2012\02	American	面膜/面膜粉	79616725
16	2012\02	Russia	面膜/面膜粉	99496192
17	2012\02	England	化妆水/爽肤水	80798300
18	2012\02	American	化妆水/爽肤水	124687538
19	2012\02	Russia	化妆水/爽肤水	95015963

图 4-17　商品成交量部分数据

求和项:成交量	列标签			
行标签	化妆水/爽肤水	面膜/面膜粉	乳液/面霜	总计
⊞American	126277029	81307796	37399210	244984035
⊞England	82521674	147245384	71039718	300806776
⊞Russia	96296536	100835157	43303606	240435299
总计	305095239	329388337	151742534	786226110

图 4-18　数据交叉表 1

图 4-17 中"年月"项在图 4-18 中怎么没有了？不是没有了，而是对 1、2 月各种名称的成交量求和了。如果不求和，Excel 表将如图 4-19 所示。

求和项:成交量	列标签			
行标签	化妆水/爽肤水	面膜/面膜粉	乳液/面霜	总计
⊟American	126277029	81307796	37399210	244984035
2012\01	1589491	1691071	779587	4060149
2012\02	124687538	79616725	36619623	240923886
⊟England	82521674	147245384	71039718	300806776
2012\01	1723374	1839597	876648	4439619
2012\02	80798300	145405787	70163070	296367157
⊟Russia	96296536	100835157	43303606	240435299
2012\01	1280573	1338965	576776	3196314
2012\02	95015963	99496192	42726830	237238985
总计	305095239	329388337	151742534	786226110

图 4-19　数据交叉表 2

将图 4-17 形式的数据，转化成图 4-18 或者图 4-19 的形式，采用的方法就是"交叉分析法"。这里的变量 1 就是"地区"，变量 2 就是"名称"，将它们及其值"成交量"排列在一张表格中，让"成交量"成为"地区""名称"的交叉结点。

交叉表的维度视分析情况而定，一般比较常用的是二维交叉表，图 4-18 就是二维交叉表。如果数据源内容项很丰富，也可以进行 3 ~ 5 个维度的交叉分析。

我们明白交叉分析法后再看如何使用 Excel 交叉分析店铺运营数据。这里以图 4-17 中的数据作为数据源。

选中"插入""数据透视表"，如图 4-20 所示。

图 4-20 插入数据透视表

创建数据透视表窗口设置，如图 4-21 所示。

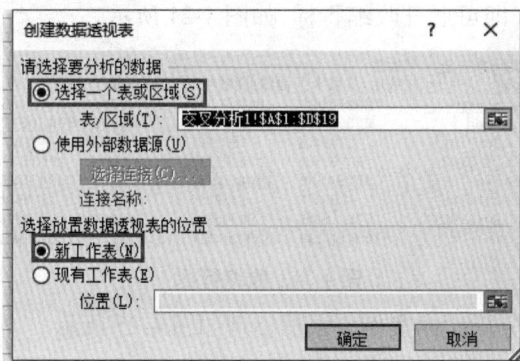

图 4-21 创建数据透视表

单击指定区域，如图 4-22 所示。

图 4-22 单击指定区域

选择、拖动字段,如图 4-23 所示。

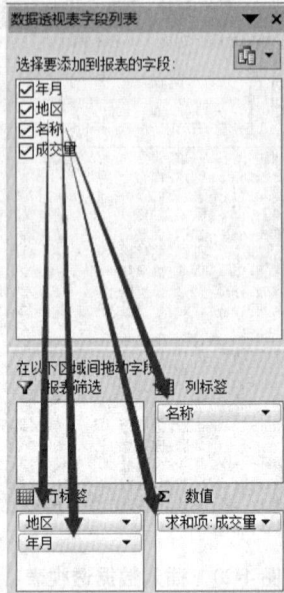

图 4-23　选择字段

点击图中的"+""-"即可展开收缩行标,如图 4-24 所示。

图 4-24　收缩行标

再举一个运用交叉分析法的案例。数据整理如图 4-25 所示。

	A	B	C	D	E	F	G	H	I	J	K	L	M
1	原价	销售价	手机价	30天收货	30天销量	30天销售额	所在地	质地	箱包硬度	适用对象	肩带样式	流行元素	闭合方式
2	292	77	77	35217	50418	3882186	福建泉州	牛津纺	软	青年	双根	车缝线	拉链
3	198	68	68	21739	28722	1953096	浙江台州	PU	软	青年	双根	撞色	包盖式
4	298	39.8	39.8	21550	32695	1301261	广东广州	牛津纺	软	青年	双根	撞色	拉链
5	290	81	81	18669	27064	2192184	浙江台州	牛津纺	硬	青年	双根	车缝线	拉链
6	98	28.9	28.9	17350	25719	743279.1	其他	软		青年	双根	字母	拉链
7	149	49.8	49.8	14030	21116	1051576.8	安徽合肥	帆布	软	青年	双根	印花	拉链
8	119	39.6	39.6	13828	20347	805741.2	河北保定	PU	软	青年	双根	皮带装饰	拉链搭扣
9	211	48	48	13416	19342	928416	河北保定	锦纶	软	青年	双根	撞色	拉链
10	55	29.6	29.6	12765	17866	528833.6	河北保定	PU	软	青年	双根	撞色	拉链
11	149	25	25	12066	18353	458825	河北保定	帆布	软	青年	双根	印花	拉链
12	141	57	57	11828	14826	845082	河北保定	PU	软	青年	双根	铆钉	拉链
13	154	44	44	11376	17703	778932	河北保定	PU	软	青年	双根	花朵	拉链
14	119	24.65	24.65	11239	12059	297254.35	河北保定	PU	软	青年	双根	鳄鱼纹	拉链
15	299	76	76	10943	24340	1849840	广东广州	帆布	软	青年	双根	花朵	拉链搭扣
16	23	23	23	10577	18443	424189	北京	锦纶	软	青年	双根	撞色	拉链
17	19.9	19.9	19.9	10561	24264	482853.6	江苏苏州	帆布	软		双根	拼接	拉链
18	498	69	69	10557	18715	1291335	上海	牛津纺	软	青年	双根	撞色	包盖式
19	503	132	132	10012	17150	2263800	广东深圳	涤纶	软	青年	双根	车缝线	拉链
20	216	83	83	9677	13918	1155194	湖南长沙	帆布	软	青年	双根	字母	拉链
21	179	68	68	9604	12772	868496	浙江杭州	牛津纺	软	青年	双根	夹子	抽带搭扣
22	199	99	99	9333	13234	1310166	福建泉州	涤纶	软	青年	双根	撞色	拉链
23	356	71.1	71.1	9162	13396	952455.6	广东广州	帆布	软	青年	双根	印花	包盖式
24	133	57	57	9089	13485	768645	河北保定	帆布	软	青年	双根	皮带装饰	拉链
25	79	29	29	8966	13949	404521	北京	其他	软	青年	双根		拉链

图 4-25　数据展示

　　字段介绍如下。原价:商品一口价,可以理解为吊牌价。销售价/手机价:商品在 PC 端/手机端上的销售价,可以理解为打折价,一般不理解为实际销售价格。30 天收货:30 天内确定收货的总人数。30 天销量:30 天内销售的件数。仅从"销售价"一个维度分析。单击插入→数据透视表命令。创建数据透视表窗口设置如图 4-26 所示。

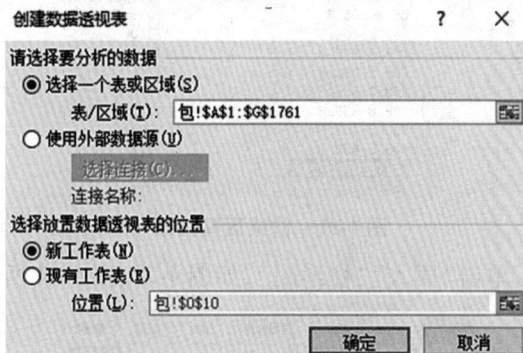

图 4-26　创建数据透视表

　　数据透视表字段列表设置中将"销售价"拖动到"行标签"中,将"30 天销量"设置在"数值"中,如图 4-27 所示。

　　点击"行标签",在弹出的菜单中单击"创建组"命令,如图 4-28、图 4-29 所示。

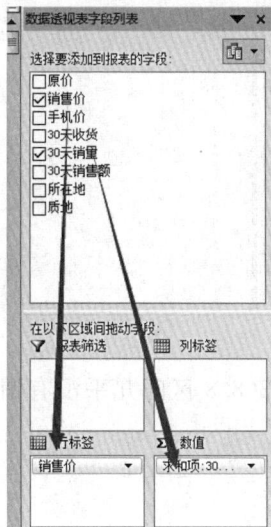

图 4-27　选择字段

图 4-28　选择"行标签"

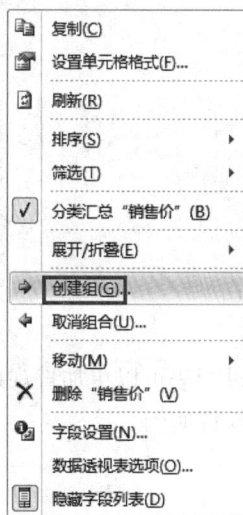

图 4-29　创建组合

设置价格步长为 50,如图 4-30 所示。

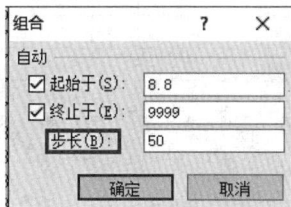

图 4-30　设置价格步长

"确定"后,效果如图 4-31 所示。其中行标签形成价格区间,细心的同学可能发现价格区间,从 608.8 ~ 658.8 直接跳转到 9 958.8 ~ 10 008.8,这里可能存在问题。主要通过本例演示交叉分析方法,因此暂时忽略数据本身存在的各种问题。

行标签	求和项:30天销量
8.8~58.8	1611448
58.8~108.8	1229099
108.8~158.8	267220
158.8~208.8	84761
208.8~258.8	39246
258.8~308.8	20976
308.8~358.8	6223
358.8~408.8	1309
608.8~658.8	473
9958.8~10008.8	399
总计	3261154

图 4-31 价格区间结果

接着把数据可视化,单击"插入""柱形图",如图 4-32、图 4-33 所示。

图 4-32 数据可视化操作 1

通过图表可以更加直观地观察数据。我们发现 258.8 ~ 308.8 区间几乎没有销量了。真的是这样吗?

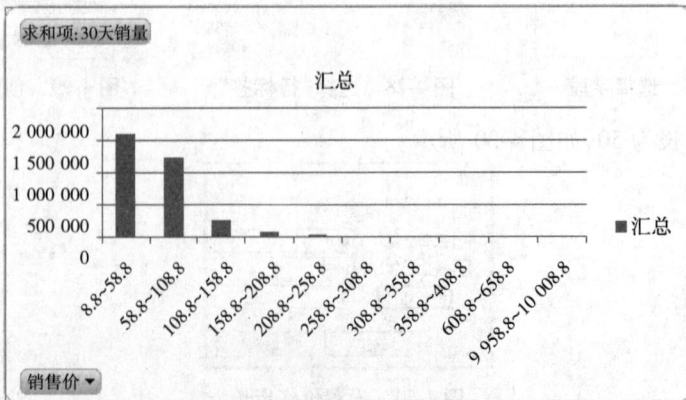

图 4-33 数据可视化操作 2

如果我们把300元以下的价格区间筛出后会发现并非如此,如图4-34所示。

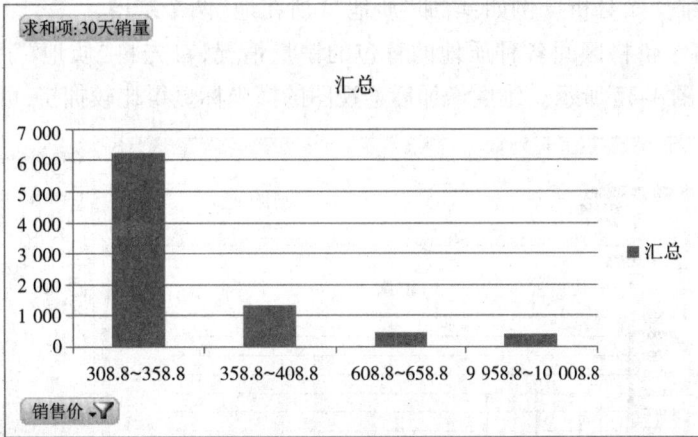

图 4-34　数据可视化操作 3

这就是视觉误差,数据需要从多个角度去观察。另外如图4-35所示,也能发现300以上仍然是存在市场的。

行标签	求和项:30天销量
8.8-58.8	1611448
58.8~108.8	1229099
108.8~158.8	267220
158.8~208.8	84761
208.8~258.8	39246
258.8~308.8	20976
308.8~358.8	6223
358.8~408.8	1309
608.8~658.8	473
9958.8~10008.8	399
总计	3261154

图 4-35　局部观察

筛出价格区间,点击行标签,取消勾选300以下的价格区间即可,如图4-36所示。

图 4-36　筛选价格区间

前面是根据"销售价"一个维度对"30 天销量"数据进行分析。接下来我们可以增加分析维度,就是多维交叉分析。例如:增加"质地""所在地"两个维度。

为了了解各个价格区间各种质地的背包的销量情况,首先将"质地"字段添加到轴字段(分类)中,如图 4-37 所示。维度增加后透视图的横坐标显得比较拥挤,可读性降低。

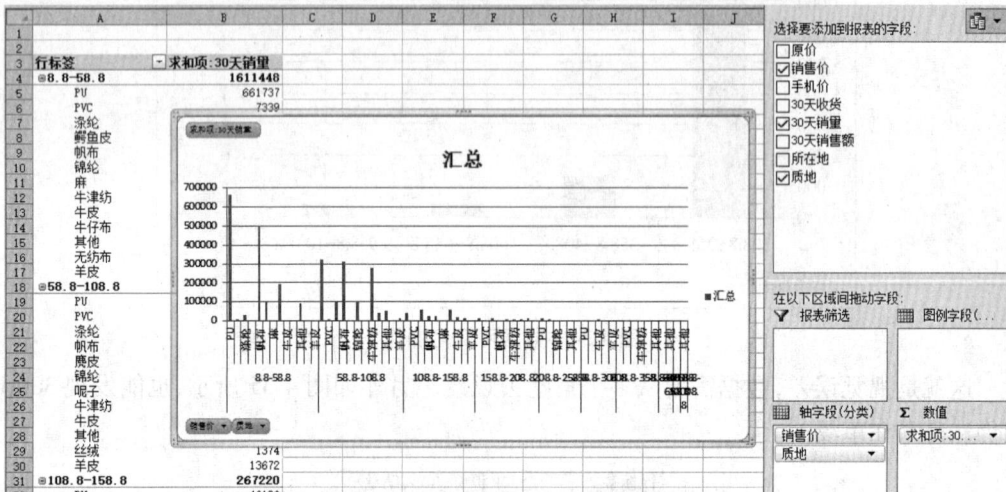

图 4-37　添加字段后的透视图

我们可以在透视图工具→分析→折叠字段命令中进行调整,如图 4-38 所示。

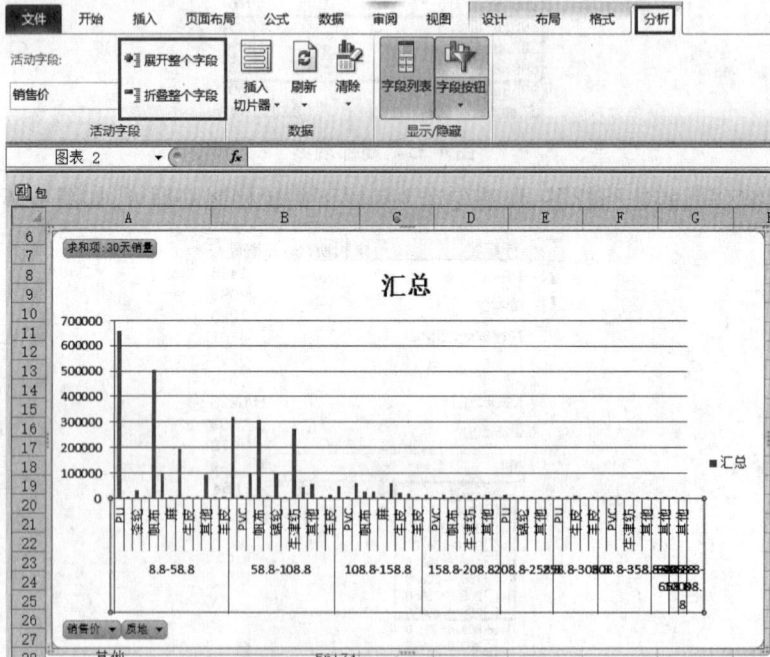

图 4-38　调整透视图 1

另一种方法是点击透视表的"+""-"符号调整透视图的展现,如图 4-39 所示。不过这样数量级差距依旧太大,无法直接从透视图上获取信息。

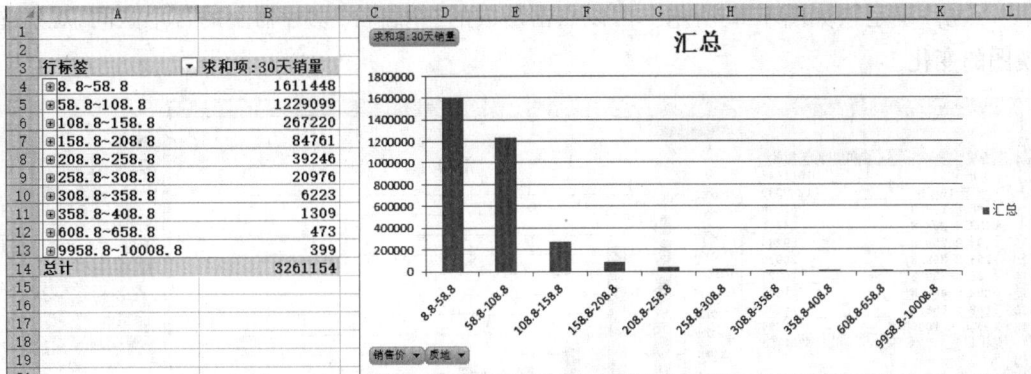

图 4-39 调整透视图 2

但我们发现透视表和透视图是同步的,在展开、收拢数据表的同时,透视图也会产生相应的变化,如图 4-40 所示。

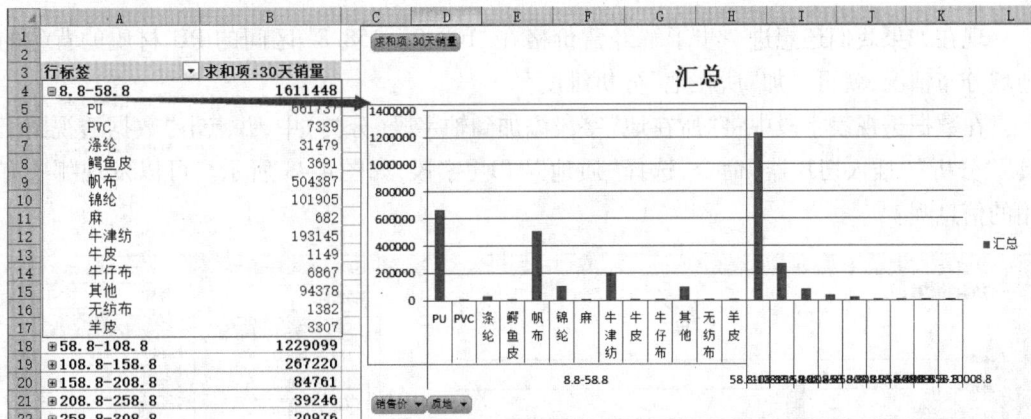

图 4-40 调整透视图 3

在多维交叉分析中我们还可以利用切片器。点击"数据透视表工具""选项""插入切片器",并选择"销售价",如图 4-41 所示。

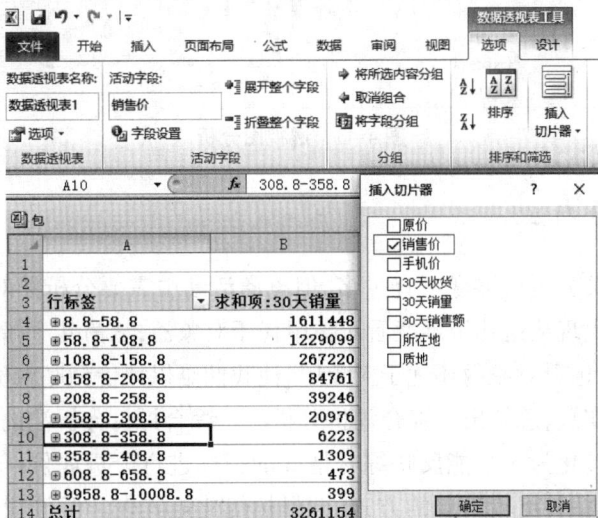

图 4-41 插入切片器操作

点击"确定",如图 4-42 所示。可以点击形成的"销售价"切片器上的各个区间,观察透视图的变化。

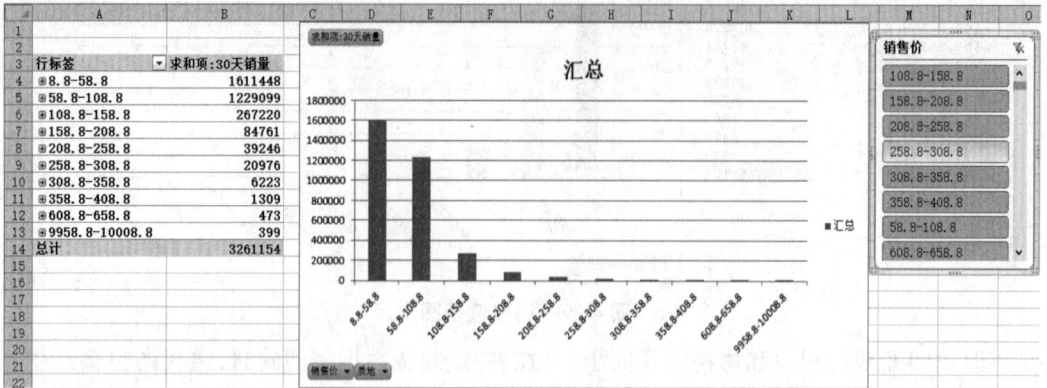

图 4-42　透视图结果

现在如果我们还想进一步了解经营价格在"108.9 ~ 158.8"区间的 PU 材质的背包的地域分布情况,就再增加"所在地"分析维度。

在数据透视表字段中将"所在地"字段添加到轴字段(分类)中,并点击"数据透视图工具""分析""插入切片器"命令,选择"质地""PU"字段,如图 4-43 所示。可以发现哪些有用的信息呢?

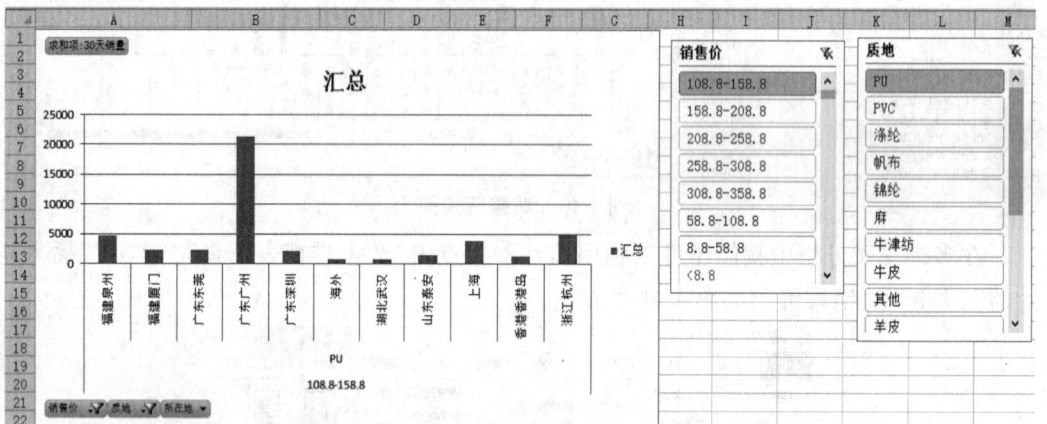

图 4-43　透视图分析

4)综合评价分析法

前面谈到的交叉分析法维度不宜过多,但电商活动中需要分析的对象越复杂,分析维度就会越多。经常出现从这几个维度看对象甲优于对象乙,从另几个指标看对象乙又优于对象丙,再从其他指标看对象丙还优于对象甲,使我们难以评价到底孰优孰劣。

人们通过分析实践,总结出了综合评价分析法。综合评价分析法的基本思想是将多个指标以不同的权重转化为一个能反映综合情况的指标进行分析评价。确定指标权重的方式较多,这里先介绍一种比较简单的方式,即目标优化矩阵表。假设我们要对手淘宝贝进行评价,需要对店铺中每个宝贝的展现情况进行打分。

首先确定评价指标。简单设定评价指标有 4 个,分别是:"宝贝""评价""详情""推荐",将评价指标填入目标优化矩阵表,如图 4-44 所示。

手淘宝贝评价	宝贝	评价	详情	推荐	合计	排序
宝贝						
评价						
详情						
推荐						

图 4-44　目标优化矩阵

接下来在矩阵表中两两对比评价指标,对评价指标的重要程度排序。目标优化矩阵的工作原理就是把人脑的模糊思维,简化为计算机的 1/0 式逻辑思维,得出量化的结果。

从纵轴的"宝贝"指标开始,与横轴的"评价"指标比较,假设"宝贝"指标比"评价"指标重要,单元格 C2 计 1;纵轴的"宝贝",与横轴的"详情"指标比较,假设"详情"指标比"宝贝"指标重要,单元格 D2 计 0;依次对比,填写相应的单元格。所有对比完成以后,将所有分数横向相加,分数填入矩阵表"合计"列中。

最后根据每项指标分别的合计分,从高到低依次排序。排序结果如图 4-45 所示,"详情"指标为最高分 3,排第一。"推荐"指标为最低分 0,排第四。

手淘宝贝评价	宝贝	评价	详情	推荐	合计	排序
宝贝		1	0	1	2	2
评价	0		0	1	1	3
详情	1	1		1	3	1
推荐	0	0	0		0	4

图 4-45　目标优化矩阵示例

我们可以利用"合计"项结果来计算权重。"推荐"合计为 0,只表示与其他指标相比其重要性低,"推荐"并非没有价值。只要"推荐"对展现手淘宝贝有价值,可以给每个指标的"合计"值在原基础上+1,得到新的重要性合计值。

可以简单计算"宝贝"指标的权重如下:"宝贝"指标权重 = ("宝贝"重要性合计值/所有指标重要性合计值)×100%

5) 杜邦分析法

杜邦分析法是由美国杜邦公司创造并最先采用的一种综合分析方法,又称杜邦财务分析体系。它是利用各主要财务指标间的内在联系,对企业财务状况及经济效益进行综合分析评价的方法,如图 4-46 所示。

该体系以净资产收益率为龙头,以总资产收益率和权益乘数为核心,重点揭示组织盈利能力及权益乘数对净资产收益率的影响,以及各相关指标间的相互影响关系。为各级管理者优化经营理财状况,提高组织经营效益提供了思路。

杜邦分析体系的特点是,将若干个用以评价组织经营效率和财务状况的比率按其内在的联系有机地结合起来,形成一个完整的指标体系,并最终通过权益收益率来综合反映。

我们在进行店铺运营数据分析时可以灵活运用杜邦分析法。假设 2017 年五皇冠店铺

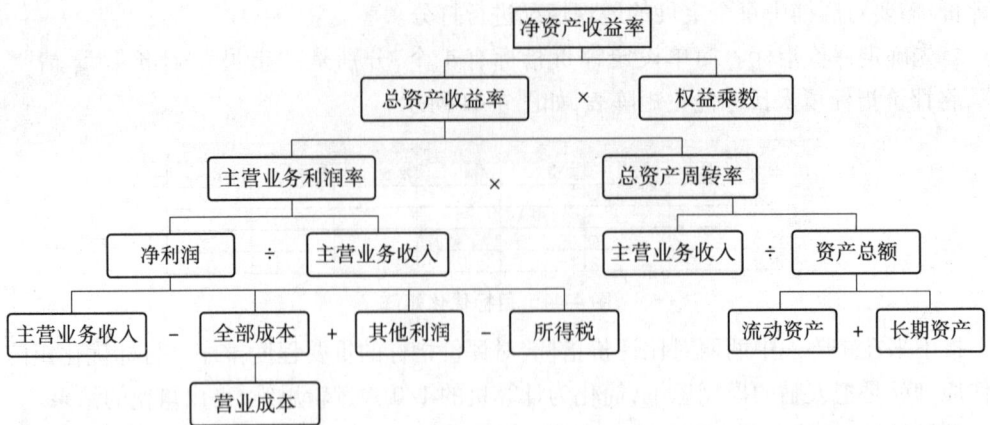

图 4-46　杜邦分析法

A 的市场占有率比 2016 年下降了 7%，但店铺 A 的用户规模在增长，想知道原因何在？这时我们就采用杜邦分析法逐层查找原因，如图 4-47 所示。

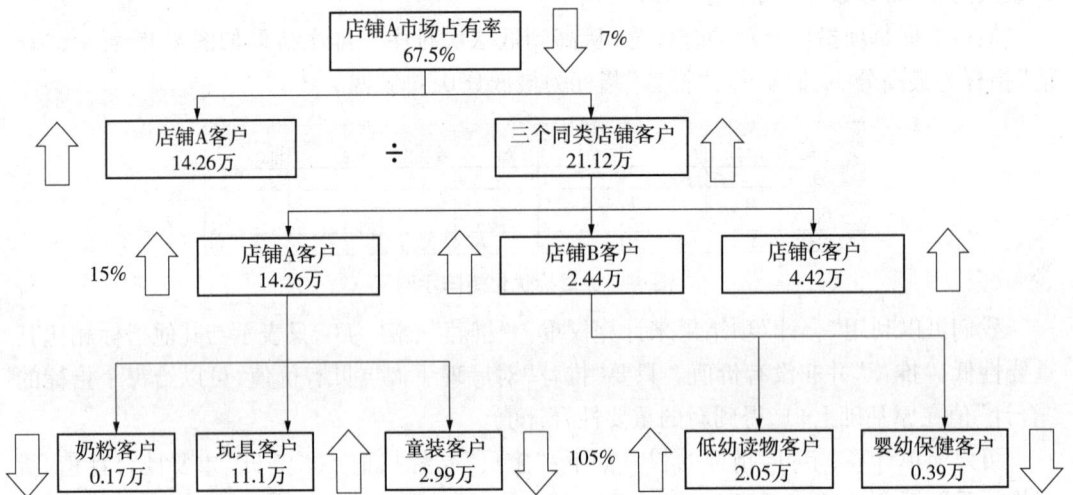

图 4-47　杜邦分析法示例

通过杜邦分析，我们发现店铺 A 在母婴市场占有率下降的主要原因可能是：

第一，同属母婴类目的店铺 B、店铺 C 2017 年的客户数均增长迅猛，尤其店铺 B 的低幼读物客户增幅高达 105%，拉动了整店的客户增长率。

第二，店铺 A 的奶粉和童装客户数量都有所下降，虽然在玩具客户增长的带动下店铺整体客户仍然增长了 15%，但在 3 个同类店铺中其客户的增幅最小。

请思考在杜邦分析图解中我们还能获得哪些有用的信息呢？

6）漏斗分析法

漏斗分析法因以漏斗图的形式展现分析过程及结果而得名。电子商务数据分析中经常使用漏斗分析法分析购物网站中某些关键路径的转化率。漏斗分析法不仅能显示用户从进入网站到实现购买的最终转化率，同时还可以展示某个关键路径中每一步的转化率，如图 4-48 所示。

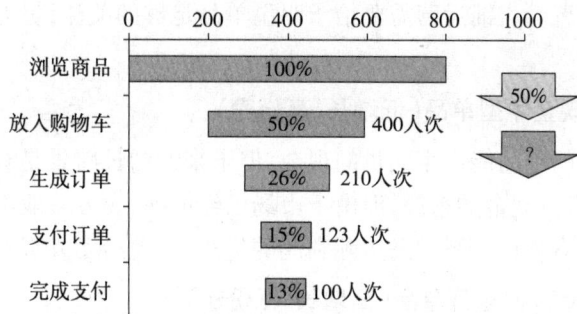

图 4-48　漏斗分析法

虽然单一的漏斗图无法评价购物网站某个关键流程中各步骤转化率的好坏,但结合对比分析方法,可以对同一个环节优化前后的效果进行对比分析,或者对同一个环节不同细分用户群的转化率作比较。

7) 矩阵关联分析法

矩阵关联分析法是指根据事物(产品或者服务)的两个重要属性(指标)作为分析的依据,进行分类关联分析,找出解决问题的一种分析方法。

以属性 A 为横轴,属性 B 为纵轴,组成一个坐标系。在两坐标轴上分别按某一标准进行刻度划分构成 4 个象限,将要分析的每个事物对应投射至 4 个象限内,进行交叉分类分析。这样可以直观地将两个属性的关联性表现出来,进而分析每个事物在这两个属性上的表现。

例如以市场份额为横轴,市场增长为纵轴,组成一个坐标系。收集店铺同一类目下单品 A、B、C、D、E、F 一段时间内市场份额和市场增长的数据。将数据标在矩阵对应位置中,从而显示出哪个单品提供潜在收益,哪个在消耗资源,如图 4-49 所示。下面分别介绍 4 个象限的定义。

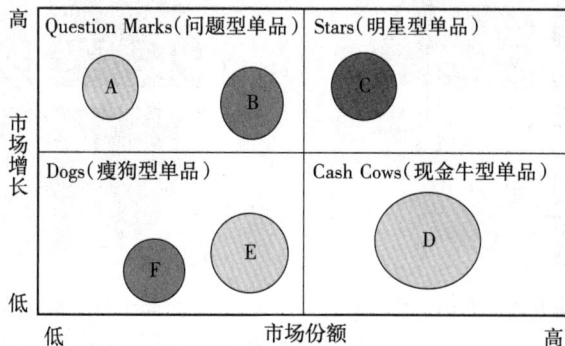

图 4-49　矩阵关联分析法

(1)Stars 明星型单品(高增长,高份额)

明星型单品属于快速增长的市场并且是占有支配地位的市场份额,能否产生现金流并不确定,取决于定价、成交价和销量。明星型单品由问题单品继续投资发展起来,可视为高速成长市场中的领导者。店铺运营需要给予明星单品足够的关注,努力使它成为店铺的金牛单品。

(2)Cash Cows 现金牛型单品(低增长,高份额)

处在这个领域中的单品能产生大量的现金,但未来的增长前景是有限的。它是成熟市场中的领导者,也是卖方现金的来源,但由于市场已经成熟,卖方一般不会大量投资来扩展市场规模。该单品享有规模经济和高边际利润的优势,因此给卖方带来大量现金流。

(3)Question Marks 问题型单品(高增长,低份额)

处在这个位置中的是一些投机性单品,带有较大的风险。这些单品可能利润率很高,但占有的市场份额较小,通常会是店铺的新品。为了推广问题型单品,卖家需要观察产品生态链(设备、技术、人员),以便抢占市场,赶超对手。这意味着需要大量的资金投入。

(4)Dogs 瘦狗型单品(低增长,低份额)

这类单品是微利甚至无利的。它存在的原因可能是情感上的因素,虽然一直微利经营,但像人养了多年的狗一样恋恋不舍而不忍放弃。其实,瘦狗型单品通常要占用很多时间资源,得不偿失。卖家应该采取收缩姿态,目的在于清仓、清算,以便把资源转移到更有利的单品上。

如果我们用店铺一段连续时间的运营数据进行矩阵关联分析,就会形成一个趋势。成功型单品多从问题型开始,转向明星型,进而成为现金牛型,但最终降为瘦狗型,此后退出市场,如图 4-50 所示。

如果单品较早切入市场,占领了较高的市场份额,但由于没有足够的资金和营销策略的支持,可能会面临失败的危险。一旦有这种趋势就要引起警惕,审视一下产品定位有没有偏差,营销节奏有没有把握好等问题,如图 4-51 所示。

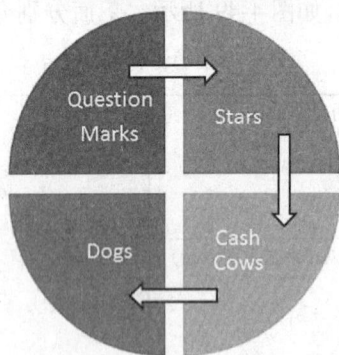

图 4-50　矩阵关联转换 1　　　　图 4-51　矩阵关联转换 2

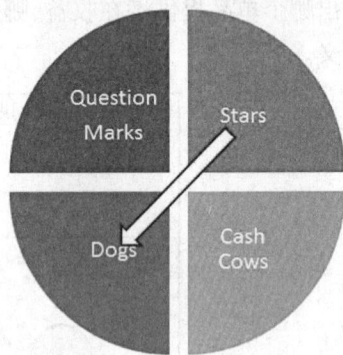

运营人员掌握矩形关联分析方法对店铺内的单品进行分析非常有用。矩阵关联分析法经常用于测试、选择单品,也是打造爆款的有力武器。但任何一种数据分析方法都是有缺陷的,所以电子商务数据分析需要根据不同问题、不同目的,结合定性、定量多种方法,才能科学、完整、有效地分析数据。

【教师演示】

1. 演示目的

以网店运营为载体演示常用数据分析方法,其中涉及 Excel 在电子商务数据分析中的应用。

2. 演示内容

网店运营数据分析演示内容见表4-1。

表4-1　网店运营数据分析演示内容

序　号	演示内容	演示要点	时　间
1	对比分析法	(1)把握对比指标类型一致性	
2	结构分析法	(2)明确部分与总体	
3	交叉分析法	(3)使用 Excel "数据透视表"交叉分析维度	
4	综合评价分析法	(4)确定评价指标 (5)使用矩阵表对评价指标进行排序 (6)计算权重	
5	杜邦分析法	(7)梳理财务指标间的内在联系	
6	漏斗分析法	(8)关键路径的转化率	
7	矩阵关联分析法	(9)确定两项分析指标组成坐标轴 (10)按一定标准划分4个象限 (11)交叉分类分析投射的对象	

【学生演练】

1. 演练要求

①确定×××店铺运营过程中采集的各种数据作为分析对象。

②一边持续运营×××店铺,一边观察、分析运营数据。

2. 演练提示

①数据分析离不开业务层,演练店铺运营数据分析前,团队应该确立店铺运营短期目

标,积极主动地开展店铺运营实践。

②尽可能多地尝试应用每一种数据分析方法对店铺运营进行现状分析,并做好相应的数据分析记录。

学习性工作任务单

任务名称:网店运营数据分析   制订时间:

小组成员:

学习目标转化
根据【学生演练】的要求与提示,参考【教师演示】的内容,将学习目标转化为工作任务目标。

工作任务分解
围绕工作任务目标,明确并细化工作任务。

任务完成进度
完整记录工作任务完成进度。

学习成果
简单描述完成工作任务后的学习收获。

疑难知识
简单描述学习过程中遇到的困难。

指导记录
导师点评、答疑、教学反思。

【任务实施 2】

店铺客户数据分析

拟定利用店铺的销售订单数据作为进行客户数据分析的数据源。这里我们把客户数据分析分为两个部分。第一部分是关于店铺客户的黏性分析,第二部分是关于客户的价值分析。

1)客户黏性分析

根据销售订单数据中客户重复购买情况统计分析用户黏性。店铺后台数据导入Excel,进行数据清洗,筛选"订单状态"为"交易成功",如图 4-52 所示。

图 4-52　销售订单

插入数据透视表,将"买家会员名"字段分别拖入行标签和数值区域,按会员名进行汇总,如图 4-53 所示。

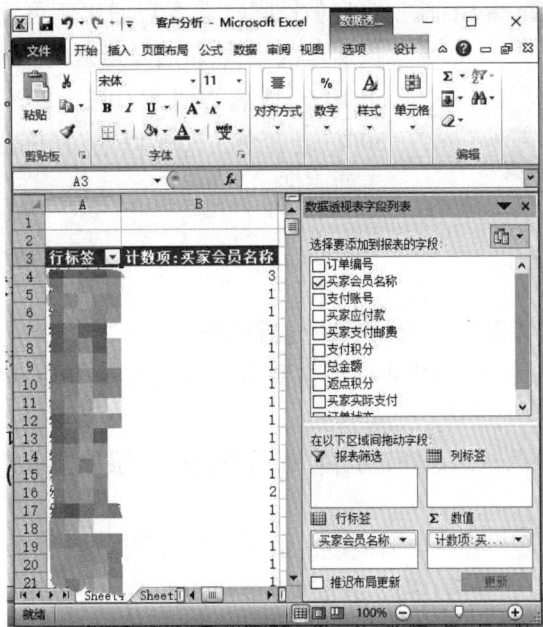

图 4-53　按会员名称汇总

根据透视表计数项总计得到“交易成功订单数”。使用 COUNTIF 函数分别计算不同购买频次的客户数。例如计算购买频次 1 次以上客户数，在 E6 单元格输入“=COUNTIF($B$4∶$B$173,"=1")”，如图 4-54 所示。以此类推，可以求得其他购买频次的客户。

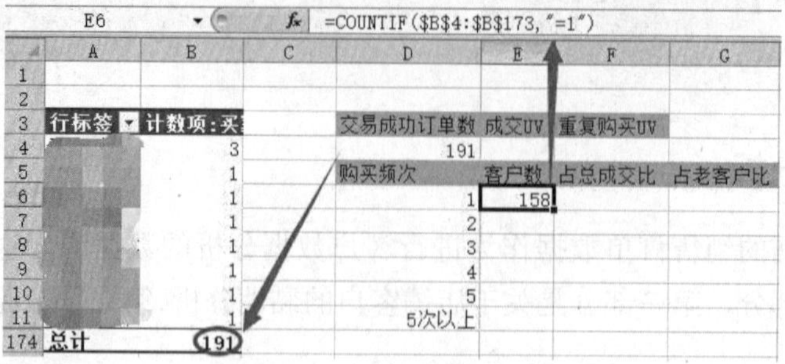
E6 =COUNTIF($B$4:$B$173,"=1")

	A	B	C	D	E	F	G
1							
2							
3	行标签	计数项:买		交易成功订单数	成交UV	重复购买UV	
4		3		191			
5		1		购买频次	客户数	占总成交比	占老客户比
6		1		1	158		
7		1		2			
8		1		3			
9		1		4			
10		1		5			
11		1		5次以上			
174	总计	191					

图 4-54　计算购买频次

成交客户数(成交 UV)=SUM(E6∶E11)，重复购买 UV=SUM(E7∶E11)，F6=E6/$E$4，G7=E7/$F$4。其余单元格以此类推，完成后如图 4-55 所示。

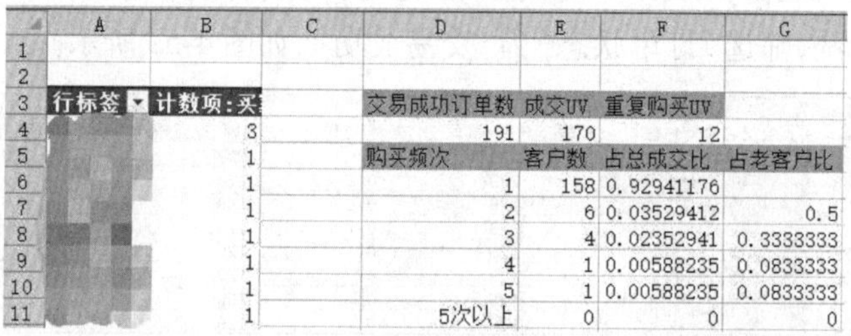

	A	B	C	D	E	F	G
1							
2							
3	行标签	计数项:买		交易成功订单数	成交UV	重复购买UV	
4		3		191	170	12	
5		1		购买频次	客户数	占总成交比	占老客户比
6		1		1	158	0.92941176	
7		1		2	6	0.03529412	0.5
8		1		3	4	0.02352941	0.3333333
9		1		4	1	0.00588235	0.0833333
10		1		5	1	0.00588235	0.0833333
11		1		5次以上	0	0	0

图 4-55　计算相关统计量

经简单处理，图 4-55 数据整理如图 4-56 所示。

交易成功订单数	成交UV	重复购买UV	老客户比例
191	170	12	7.06%
购买频次	客户数	占总成交比	占老客户比
1	158	92.94%	
2	6	3.53%	50.00%
3	4	2.35%	33.33%
4	1	0.59%	8.33%
5	1	0.59%	8.33%
5次以上	0	0.00%	0.00%

图 4-56　统计结果

有了图 4-56 中的数据，你能不能尝试分析该店铺客户黏性呢？老客户的比例可评判店铺运营的情况。根据运营经验，新店及运营较差的店，其老客户比例小于 10%；成熟店铺为 10% ~ 20%；较好的店为 20% ~ 30%；老客户在 35% 以上，客户黏性较高，则是运营优秀的店铺。

2）客户价值分析

基于网店的销售订单数据，借助 RFM 分析模型对客户进行分类，衡量客户价值。RFM 模型主要指标构成包括：Recency、Frequency、Monetary 3 项。

第一，Recency 指最近一次消费，用客户最后成交时间跟数据采集点时间的时间差（天数）作为计量标准。

第二，Frequency 指客户在一定时间段内的消费次数，即消费频率。

第三，Monetary 指消费金额，客户每次消费金额的多少。可以用最近一次消费金额，也可以用过去的平均消费金额，根据分析的目的不同，可以有不同的选择方法。一般来讲，单次交易金额较大的客户,支付能力强,价格敏感度低,是较为优质的客户。

通过将每位客户的 3 个指标与均值进行比较,可以将客户细分为 8 类,见表 4-2。表中↑表示大于等于均值,↓表示小于均值。

表 4-2　客户细分

序 号	Recency	Frequency	Monetary	客户类型
1	↓	↑	↑	重要价值客户
2	↓	↓	↑	重要发展客户
3	↑	↑	↑	重要保持客户
4	↑	↓	↑	重要挽留客户
5	↓	↑	↓	一般价值客户
6	↓	↓	↓	一般发展客户
7	↑	↑	↓	一般保持客户
8	↑	↓	↓	一般挽留客户

从数据源中获取 RFM 模型三项指标对应的客户数据。将原始销售订单数据进行处理,筛选出交易成功的记录,包含订单编号、买家会员名、订单付款时间、总金额,如图 4-57 所示。

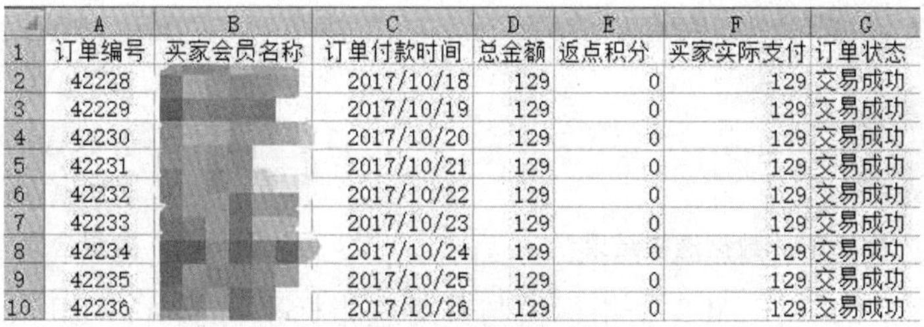

图 4-57　数据筛选

根据分析需要,假设采集分析数据的时间为 2018/2/12。R 表示客户订单付款时间跟数据采集点时间的时间差,Excel 操作如图 4-58 所示。

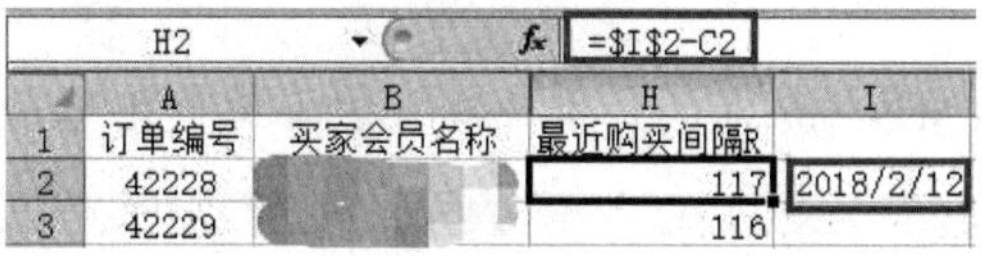

图 4-58　时间差

F 表示分别求和各个会员的交易次数。M 表示分别求和各个会员的交易金额。插入透视表,将"买家会员名"拖入"行标签"栏,将"订单付款时间"拖入数值栏,值字段设置为"最大值",并设置时间格式为自定义格式:yyyy-mm-dd。将"订单编号"拖入数值栏,值字段设置为"计数",将"总金额"拖入数值栏,值字段设置为"求和",操作如图 4-59 所示。

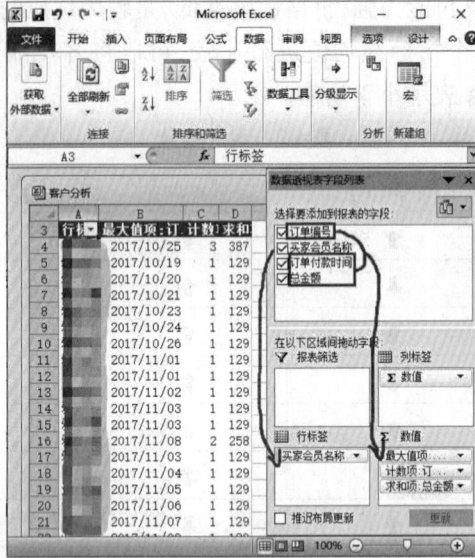

图 4-59　数据透视操作

选择 A 到 D 列,分别复制"行标签""最大值项""计数项""求和项",使用选择性粘贴"值"的方式,将数据透视表转换为普通表格,如图 4-60 所示。

图 4-60　数据透视结果

$$R\text{-}Score=\begin{cases} 2 & \text{若}R<AVG(R) \\ 1 & \text{若}R\geqslant AVG(R) \end{cases}$$

$$F\text{-}Score=\begin{cases} 2 & \text{若}F<AVG(F) \\ 1 & \text{若}F\geqslant AVG(F) \end{cases}$$

$$M\text{-}Score=\begin{cases} 2 & \text{若}M<AVG(M) \\ 1 & \text{若}M\geqslant AVG(M) \end{cases}$$

图 4-61　变量含义

根据每个客户的 R、F、M 3 个指标值与其对应指标平均值 AVG(R)、AVG(F)、AVG(M)的大小组合关系来进行客户分类。R-Score、F-Score、M-Score 3 个变量含义如图 4-61 所示。

运用逻辑"&"合并 R-Score、F-Score、M-Score,在 I 列中计算出 RFM-Score 值,如图 4-62 所示。

请思考图 4-62 中 RFM-Score 项的数据与表 4-2 中客户类型(Customer type)的对应关

	A	B	C	D	E	F	G	H	I
1									
2									
3	会员名	最近付款日期	购买频次F	购买金额M	最近购买间隔R	R-Score	F-Score	M-Score	RFM-Score
4		2017/10/25	3	387	110.00	1	1	1	111
5		2017/10/19	1	129	116.00	1	2	2	122
6		2017/10/20	1	129	115.00	1	2	2	122
7		2017/10/21	1	129	114.00	1	2	2	122
8		2017/10/23	1	129	112.00	1	2	2	122
9		2017/10/24	1	129	111.00	1	2	2	122
10		2017/10/26	1	129	109.00	1	2	2	122

图 4-62　计算 RFM-Score 值

系。"111""122"分别表示哪一类客户? 再次利用透视表形成统计结果,并利用条件格式进行数据展示。将"RFM-Score"拖入"行标签"栏,将"买家会员名"拖入数值栏,值字段设置为"计数",设置条件格式为黄色数据条渐变填充,如图4-63所示。

行标签	计数项:会员名
111	9
122	83
211	3
222	75
总计	170

图 4-63 透视结果

【教师演示】

1. 演示目的

以客户重复购买情况统计确定用户黏性,以 RFM 分析模型对客户价值进行分类,熟悉 Excel 透视表等功能在电子商务数据分析中的应用,通过实例培养学习者对数据分析的敏感性。

2. 演示内容

客户数据分析演示内容见表4-3。

表 4-3 客户数据分析演示内容

序　号	演示内容	演示要点	时　间
1	客户黏性分析	(1)统计重复购买情况	
2	客户价值分析	(2)简要展示 RFM 模型 (3)从已有订单数据中获取 RFM 模型中三项指标对应数据	

115

【学生演练】

1. 演练要求

①确定数据分析对象,收集 100 条以上的店铺客户数据记录。

②拟定店铺客户数据分析思路,确定说明客户黏性和客户价值的数据指标,根据分析思路整理客户数据。

③灵活运用数据分析方法(对比分析法等),借助数据分析工具(Excel),完成店铺客户数据分析任务。

2. 演练提示

①拟定客户数据分析思路需要具备一定客户服务与管理的相关知识。

②实践中积累的客户运营经验有助于提升客户数据分析能力。

学习性工作任务单

任务名称:店铺客户数据分析　　　　　　　　　　　　　制订时间:

小组成员:

学习目标转化
根据【学生演练】的要求与提示,参考【教师演示】的内容,将学习目标转化为工作任务目标。

工作任务分解
围绕工作任务目标,明确并细化工作任务。

任务完成进度
完整记录工作任务完成进度。

学习成果
简单描述完成工作任务后的学习收获。

疑难知识
简单描述学习过程中遇到的困难。

指导记录
导师点评、答疑、教学反思。

【任务实施3】

店铺财务数据分析

1）商品成本分析

关于商品成本分析的数据,可以在 Excel 中进行简单的计算。某店铺为了核算 2017 年 4—6 月的利润,对相关的数据指标进行了统计,如图 4-64 所示。

	A	成交量	成交均价	店铺成交额	店铺总成本	店铺利润	成本利润率
1		成交量	成交均价	店铺成交额	店铺总成本	店铺利润	成本利润率
2	4月	1346	94.75	127533.5	83928.3	43605.2	51.96%
3	5月	1209	95.19	115084.71	72468.1	42616.61	58.81%
4	6月	1532	86.26	132150.32	85752.8	46397.52	54.11%

图 4-64　商品成本数据统计

从整体上分析,店铺的成交量、成交均价、店铺总成本变化不大。店铺成交额 = 成交量×成交均价,如图 4-65 所示。

D2			fx	=B2*C2			
	A	B	C	D	E	F	G
1		成交量	成交均价	店铺成交额	店铺总成本	店铺利润	成本利润率
2	4月	1346	94.75	127533.5	83928.3	43605.2	51.96%
3	5月	1209	95.19	115084.71	72468.1	42616.61	58.81%
4	6月	1532	86.26	132150.32	85752.8	46397.52	54.11%

图 4-65　店铺成交额公式

店铺利润 = 店铺成交额−店铺总成本,如图 4-66 所示。

F2			fx	=D2-E2			
	A	B	C	D	E	F	G
1		成交量	成交均价	店铺成交额	店铺总成本	店铺利润	成本利润率
2	4月	1346	94.75	127533.5	83928.3	43605.2	51.96%
3	5月	1209	95.19	115084.71	72468.1	42616.61	58.81%
4	6月	1532	86.26	132150.32	85752.8	46397.52	54.11%

图 4-66　店铺利润公式

成本利润率 = 店铺利润/店铺总成本×100％,如图 4-67 所示。

G2			fx	=F2/E2*100%			
	A	B	C	D	E	F	G
1		成交量	成交均价	店铺成交额	店铺总成本	店铺利润	成本利润率
2	4月	1346	94.75	127533.5	83928.3	43605.2	51.96%
3	5月	1209	95.19	115084.71	72468.1	42616.61	58.81%
4	6月	1532	86.26	132150.32	85752.8	46397.52	54.11%

图 4-67　成本利润率公式

利润率是利润值的转化形式,同一剩余价值量的利润率有不同计算方法。例如:销售利润率、产值利润率,这里我们主要分析成本利润率。店铺运营数据分析的核心仍然是盈利问题。我们应该明确影响店铺盈利的因素有哪些,然后对各个因素的相关数据进行分析。

假设我们已经获取了某店铺的成本因素下的各项数据,如图 4-68 所示。商品成本是店铺总成本构成的关键部分之一。本次商品进货渠道分为线下批发、线上批发两个渠道。线上批发由于不需要人工搬运,人工成本记录为"0"。通过线下批发渠道采购货源,可以对实物精挑细选,自行搬运,因此这里损耗成本记录为"0"。

	A	B	C	D	E	F	G
1	进货渠道	进货成本	人工成本	运输成本	损耗成本	其他	汇总
2	线下批发	5364	83	50	0	50	5547
3	线上批发	1341	0	80	19	20	1460
4	汇总	6705	83	130	19	70	7007

图 4-68　店铺进货总成本

本次进货成本构成如图 4-69 所示。

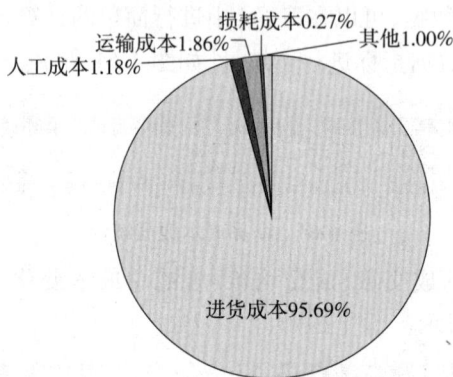

图 4-69　进货总成本构成

请指出本次进货总成本是多少?本次进货总成本等于线下批发、线上批发商品的所有成本的总和,具体包括:进货成本、人工成本、运输成本、损耗成本、其他成本,如图 4-70 所示。

G4		f_x	=SUM(B2:F3)				
	A	B	C	D	E	F	G
1	进货渠道	进货成本	人工成本	运输成本	损耗成本	其他	汇总
2	线下批发	5364	83	50	0	50	5547
3	线上批发	1341	0	80	19	20	1460
4	汇总	6705	83	130	19	70	7007

图 4-70　进货总成本

进货成本占进货总成本的比值是多少?进货成本同样包括线下、线上两个渠道,计算如图 4-71 所示。

B7		f_x	=B4/G4		
	A	B	C	D	E	F
5						
6		进货成本	人工成本	运输成本	损耗成本	其他
7	成本构成	95.69%	1.18%	1.86%	0.27%	1.00%

图 4-71　进货成本占比

线下、线上进货成本在进货成本中占比各是多少?本次进货成本线下占 80% ,线上占 20% ,计算如图 4-72 所示。

| B11 | ▼ | f_x | =B2/B4 |

	A	B	C
10		线下进货成本占比	进货成本消耗率
11	线下批发	80.00%	3.41%
12	线上批发	20.00%	8.87%

图 4-72　线上、线下进货成本占比

请计算线下、线上进货成本消耗率是多少？进货成本消耗率是指非进货成本与进货总成本的比值,计算如图 4-73 所示。

| C11 | ▼ | f_x | =(F2+E2+D2+C2)/B2 |

	A	B	C
10		线下进货成本占比	进货成本消耗率
11	线下批发	80.00%	3.41%
12	线上批发	20.00%	8.87%

图 4-73　进货成本消耗率

综合两种不同的进货方式可以发现,线下批发渠道的进货成本消耗率低于线上进货的消耗率。进货成本消耗率越低越好,因此可以结合货源质量、销售情况等适当调整不同渠道的进货比例。

2）推广成本分析

当店铺发展到一定阶段的时候,就需要进行一系列的推广。如果卖家始终不进行付费推广,店铺很快就会被淹没在众多的网店中。但盲目进行付费推广也是不行的,卖家需要定期对店铺推广的有效性进行数据分析。

假设我们对店铺最近 30 天的付费推广成本、成交额、利润以及成本利润率等数据指标进行了统计,如图 4-74 所示。付费方式分为甲、乙、丙、丁 4 种。成本利润率＝利润/成本,成本利润率越高的付费推广方式越有效。

	A	B	C	D	E
1		成本	成交额	利润	成本利润率
2	推广甲	341.53	579.46	237.93	69.67%
3	推广乙	155.49	263.15	107.66	69.24%
4	推广丙	497.86	572.81	74.95	15.05%
5	推广丁	89.21	117.39	28.39	31.82%

图 4-74　店铺数据统计

根据统计结果分析可知:从成本角度看,丙方式推广的成本最高,后面依次为甲、乙、丁。再从利润角度看,从高到低依次为丁、丙、乙、甲。从不同的角度分析推广的有效性得出不同结果,到底哪种方式最有效呢？应该将"成本"和"利润"结合考虑,即"成本利润率"。

推广方式甲,成本不是最高的,但利润最高,其成本利润率是最高的。推广方式乙成本利润率紧随其后,比第三位高很多。因此加大对甲、乙的推广成本投入,降低丙的推广成本。建议卖家适当增加丁的推广成本,继续统计推广效果的数据,对比推广成本调整前后各项数据指标的变化。

3）固定成本分析

固定成本是指成本总额在一定业务量范围内,不受业务量增减变动影响或者影响不大的固定费用。针对运营店铺而言,固定成本主要包括:场地租金、员工工资、网络信息费以及相关的设备折旧。

假设我们对店铺最近 3 个月的固定成本进行了数据统计,如图 4-75 所示。

	A	B	C	D	E	F
1	月份	场地租金	员工工资	网络信息费	设备折旧	合计
2	4月	2000	11000	50	378.19	13428.19
3	5月	2000	10800	50	135.21	12985.21
4	6月	2000	12900	50	158.33	15108.33

图 4-75　固定成本统计

对店铺的固定成本数据分析:不受业务量影响的固定成本是场地租金和网络信息费。员工工资和设备折旧率有小幅的变动,但受业务量增减变动影响不大。折旧设备的成本属于固定成本中最基础的成本之一,尽量降低人为损伤程度能降低设备折旧成本。员工工资与成交额紧密相关,员工工资越高表示店铺的成交额越高。所以充分调动员工的工作积极性,需要制订合理的绩效考核制度。

【教师演示】

1. 演示目的

店铺运营的最终目的就是实现店铺的利润最大化。增加成交额,减少成本是提升利润的重要途径。从财务数据(商品成本、推广成本、固定成本)的角度展示店铺运营情况,分析影响店铺利润的因素。根据店铺实际情况和市场环境,提前对店铺的运营成本进行预测分析,正确处理"开源"与"节流"的关系。引导学习者以财务数据分析的方式思考提升店铺运营绩效。

2. 演示内容

成本数据分析演示内容见表 4-4。

表 4-4　成本数据分析演示内容

序　号	演示内容	演示要点	时　间
1	商品成本分析	(1)计算店铺的成交额、利润、成本利润率 (2)对比线上、线下进货成本消耗率	
2	推广成本分析	(3)根据成本利润率调整付费推广策略	
3	固定成本分析	(4)定期统计固定成本	

【学生演练】

1. 演练要求

①拟定店铺财务数据分析的目的。

②围绕目的尽量全面收集并整理店铺财务数据。

③在准确理解各项财务数据的基础上进行数据分析。

2. 演练提示

①运营团队所作的财务记录和第三方店铺数据分析工具是财务数据的主要来源。

②自主学习基础的财务知识,有利于提升财务数据分析的专业性和逻辑思维的严密性。

③结合店铺财务数据,灵活运用多种数据分析方法,尝试对财务数据的多角度分析。

学习性工作任务单

任务名称:店铺财务数据分析   制订时间:

小组成员:

学习目标转化

根据【学生演练】的要求与提示,参考【教师演示】的内容,将学习目标转化为工作任务目标。

工作任务分解

围绕工作任务目标,明确并细化工作任务。

任务完成进度

完整记录工作任务完成进度。

学习成果

简单描述完成工作任务后的学习收获。

疑难知识

简单描述学习过程中遇到的困难。

指导记录

导师点评、答疑、教学反思。

任务五
数据价值展现

【任务描述】

在电子商务数据分析项目中，不擅长撰写数据分析报告的分析者很难与阅读者（尤其是决策型阅读者）进行有效沟通交流。即使项目组全面地收集数据，仔细地处理数据，运用了高深的分析方法和先进的分析工具，倘若离开了相得益彰的数据分析报告也很难展现出数据价值。数据分析报告就是利于沟通交流的桥梁，是展现数据价值的应用文体。对于电子商务的本质而言，数据价值展现的最终目的还是帮助报告的阅读者（尤其是决策型阅读者）更加严谨、高效、全面地评估事物及其所处的商业环境。

【知识准备】

这里有必要指出"数据分析"与"数据分析报告"是不同的概念。假设某店长对店铺运营数据进行了一番分析，充分掌握店铺运营的现状，有可能从中发现了存在的问题，或许还解读了隐藏在数据背后的信息。这个过程体现了这个店长运用数据分析运营店铺的业务能力。如果这个店长就是老板本人，一般是不用写数据分析报告的。

数据分析报告是什么呢？它的本质是一种分析应用文体。如果这个店长只是一个打工的，他对店铺运营情况进行数据分析后，需要把数据分析结果展现出来，或者需要向老板汇报数据分析过程和结果。这个时候就需要撰写一份数据分析报告了。

1. 图表演示魅力

数据分析报告展现分析的价值，同时也在展现报告自身的价值。一份数据分析报告缺少有分量的图表就难以给阅读者留下深刻的印象。图表能让阅读者从数据分析报告中高效、形象地读取数据价值，图表中数据的颜色和字体等信息的特别设置，可以把问题的重点有效地传递给阅读者。恰当、得体的图表不仅有利于数据分析价值输出，还体现了数据分析工作的专业性。

怎样使数据图表适当、得体呢？关键是把握住数据间的关系。也就是通过数据间的关系有针对性地选择图表。数据间的关系是可以进行归类的，例如：成分、排序、时间序列、频率分布、相关性、多重数据比较等。根据数据间关系的归类选择对应图表就可以使数据图表适当且得体。

展现数据分析价值必须用对图表。数据分析报告中常用的图表包括饼图、柱形图、条形图、折线图等。成分类数据用于表示整体的一部分，一般情况下选择用饼图表示。排序数据根据需要比较数值大小进行排列，柱状图、条形图都是不错的选择。按照时间序列分析数据的变化趋势一般选择使用折线图。其他关系类型也有对应的图表类型，具体对应关系可以参见图 5-1。

表达的数据和信息	饼　图	柱形图	条形图	折线图	气泡图	其　他
成分（数据间的比较）						
排序（数据间比较）						
时间序列（走势、趋势）						
频率分布（数据频次）						
相关性（数据间关系）						
多重数据比较						

图 5-1　图表分类

2. 文字内容与结构

报告自身的价值除了与报告中的图表相关以外，与报告文字内容与结构也息息相关。如果把数据分析报告比作一个物种，文字内容是这个物种的血肉，结构是它的骨骼。根据分析目的、思路或者数据的具体情况以及阅读对象，数据分析报告的内容和结构需要进行不同的呈现。

通常数据分析报告的主要内容以分析目的为中心，以分析思路为线索展开。它具体包括运用数据准确描述电子商务活动的现实状况，诊断是否出现商业问题以及原因何在，甚至鉴于已有的历史数据进行预测与建议。

124

"总—分—总"结构是经典的数据分析报告结构。开篇部分包括标题、目录和前言。报告的标题是最能体现文字表达功力的地方。题目要精简干练,最好根据版面的要求在一两行内完成。标题是一种语言艺术,好的标题不仅可以点明数据分析的主题,而且能够凝练出分析报告的精华。

目录相当于报告的大纲,不要太过仔细,否则阅读起来耗时且容易让人觉得冗长。尤其是当数据分析报告正文并不长,正文文字也不多的情况下,目录更要注意精简。前言主要介绍撰写报告的背景、目的与数据分析思路,即是什么主题的数据分析报告。为什么要开展此次数据分析?(意义)完成报告是要提出问题,还是要证实观点?(目的)数据分析工作如何开展?(思路)

正文部分会根据情况展示此次报告的核心内容,可以根据数据分析思路为脉络具体展开,也可以根据数据分析任务中数据的具体情况有重点地阐释说明某个问题,或者客观科学地作出推断建议。无论正文的具体内容是什么,报告中使用的名词术语一定要规范,且前后一致。表述各项数据分析的关键指标要准确。正文编写要谨慎,基础数据必须真实、完整,编写思路要清晰,报告内容和结论要实事求是。如果正文内容表达丰富,细节描述翔实,最好能够着重指出正文的重点内容,或者对正文内容进行总结。如有必要报告的结尾可以添加附录,说明数据来源、计算方法、正文中涉及的专业名词等。

一些时效性强的报告不必拘泥于上述关于报告的文字内容与结构。根据撰写数据分析报告的不同目的,有时候需要更加精练、简洁的报告形式。这样的数据分析报告要求在有限的篇幅内不是数据的简单堆积,而要注意展示数据之间的关系,根据数据分析推导出相应的结论。如果报告提出了建议,最好能分析其可行性。这样的报告往往能高效率、低成本地帮助老板解决问题。

能帮助老板解决问题的数据分析师是老板们求贤若渴的稀缺性人才。优秀的数据分析师一般都具备超强的应用文写作功底,对业务情况非常了解,而且还拥有丰富的数据分析经验。一些资深数据分析师即便满足这些条件,要完成含金量高的精练型数据分析报告也并非易事。因此他(她)们会告诉数据分析"小白"们:撰写数据分析报告不一定要靠华丽的图表制作技术,绝非人云亦云地安排文字内容。撰写数据分析报告难,难就难在要用"心"分析数据,用"心"展现价值。

125

【任务实施】

"图表制作"展现数据价值

日常采集的店铺运营数据非常丰富,如:用户进入店铺的渠道是 PC 还是手机? 站内还是站外? 停留时长、订单金额、单次购买件数是多少? 以店铺为分析对象的收藏量、客单价、转化率、跳出率是多少? 以单品为分析对象的成本、成交价、利润是多少……这些数据只是店铺运营数据的冰山一角,经过采集、处理、分析后可以用制图工具将数据可视化。

1)平均线图

平均线图是在柱形图和折线图组合基础上变形而来,如图 5-2 所示。

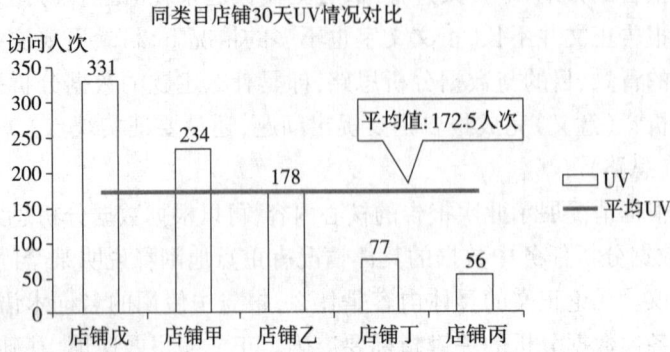

图 5-2　平均线图

数据源表格如图 5-3 所示。我们选择以平均线图展现甲、乙、丙、丁、戊五家店最近 30 天的 UV 情况。UV 表示最近 30 天店铺来访累计人数,平均 UV 是 B2:B6 的平均值。

下面介绍在 Excel 中制作平均线图的步骤。选取 A1:C6 单元格中的数据,点击"插入""柱形图"。选择柱形图中代表平均 UV 的任意一个柱形条,单击鼠标右键,弹出窗口如图 5-4 所示,选择"更改系列图表类型",把柱形图改为折线图。

选择柱形条、折线后,单击鼠标右键设置数据系列格式,如图 5-5 所示。

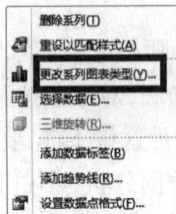

图 5-3　数据源表格　　　　图 5-4　制作平均线图步骤 1　　　　图 5-5　制作平均线图步骤 2

我们可以设置柱形条"边框颜色""边框样式",如图 5-6 所示。请动手设置出你喜欢的图形样式。

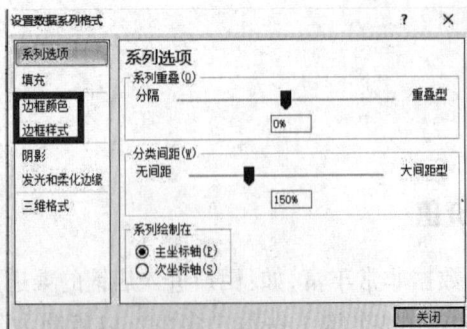

图 5-6　制作平均线图步骤 3

如图 5-7 所示，当美化完柱形条和平均线样式后，是不是觉得和"平均线"平行的若干线条有些多余？这些多余的线条是"网格线"，可以选中它后单击"Backspace"，网格线就轻松被删除了。

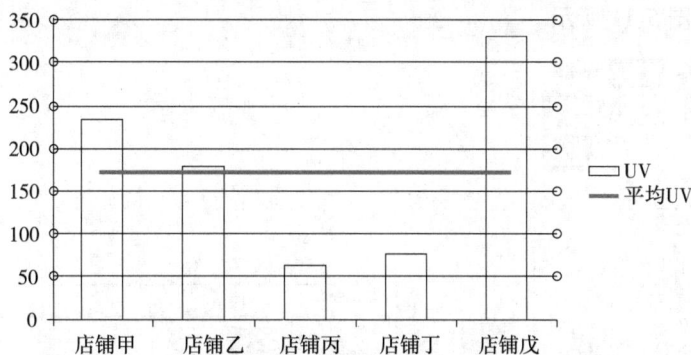

图 5-7　制作平均线图步骤 4

如果需要调整网格线，并且删除它，还可以在如图 5-8 所示选项下设置网格线。

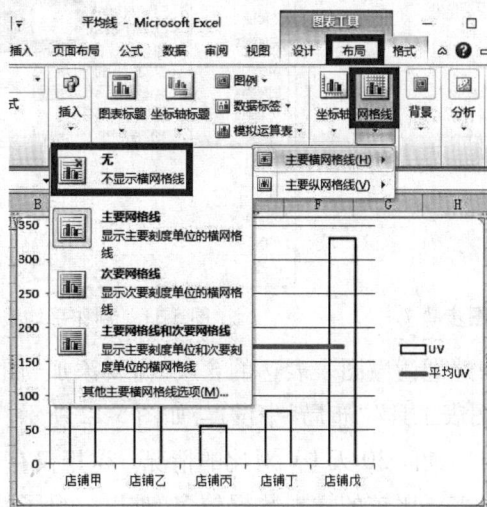

图 5-8　制作平均线图步骤 5

要标明图形代表的数值时，我们可以选中它们，单击鼠标右键，弹出窗口如图 5-9 所示，选择"添加数据标签"即可。

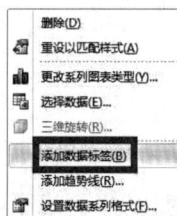

图 5-9　制作平均线图步骤 6

希望插入"文本"对图表特定部位进行说明，可以选择"插入""形状"，然后选择具体样式，如图 5-10 所示。这里我们选择专用于"标注"的样式后再点击功能区的"文本框"输入

127

文字说明"平均值: 172.5 人次"。

选中文本框,鼠标单击右键,弹出窗口"设置形状格式",可以对文本框格式进行设置。例如:我们需要调整文字的"对齐方式",可以选择"文本框""垂直对齐方式"下拉菜单中"中部对齐",如图 5-11 所示。

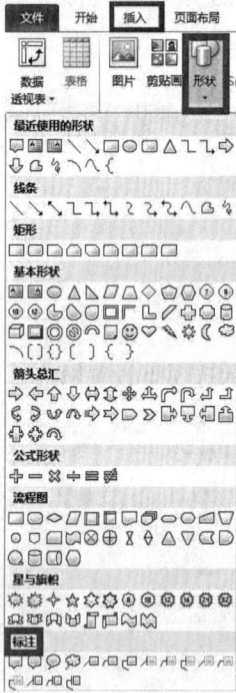

图 5-10　制作平均线图步骤 7

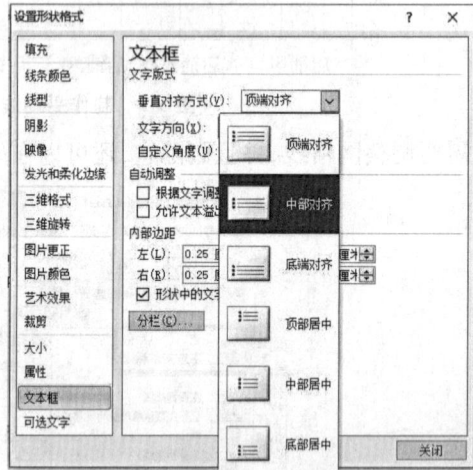

图 5-11　制作平均线图步骤 8

为了阅读者更清晰快速地读懂图表表达的含义,需要添加"图表标题""坐标轴标题""图例"等信息,可以在"图表工具""布局"中设置,如图 5-12 所示。

图表中展现了同类目店铺间 30 天 UV 对比的情况。这里仅有五家店铺的 UV 数据,用肉眼比较容易对比。如果需要比较的样本数据较多,难以一目了然时,最好选中表格中的某一列数据以升序或降序排列。例如:选中如图 5-3 所示表格中的 B 列,依次点击"排序和筛选""降序""排序",如图 5-13 所示。

图 5-12　制作平均线图步骤 9

图 5-13　制作平均线图步骤 10

这样"同类目店铺 30 天 UV 情况对比"平均线图就制作完成了。

2)双坐标图

"双坐标图"顾名思义,一个图里面有两个坐标轴。一般在图表中有两个系列的数据,它们的"单位"不同,或者它们的数值差别很大,在同一个纵坐标轴下无法很好地展现数据原本的面貌,这正是展示双坐标图的时机。从安全门行业市场调查数据表中抽取了"关键词""搜索转化率"和"全站商品数"3项内容,如图5-14所示。

	A	B	C
1	关键词	搜索转化率	全站商品数
2	幼儿园防夹手	67%	11
3	门卡	65%	9581
4	安全门卡	62%	9616
5	门挡 门塞	50%	1304
6	硅胶门挡	46%	867
7	防夹手门卡	40%	985
8	硅胶门塞门挡	33%	330
9	门塞	33%	4919
10	门塞门挡	25%	1168
11	安全门塞	20%	986

图5-14　市场调查数据

选中表格数据后点击"插入""图表""折线图",注意观察数据与图表的对应关系。选择折线图中"搜索转化率"任意数据标记,如图5-15所示。

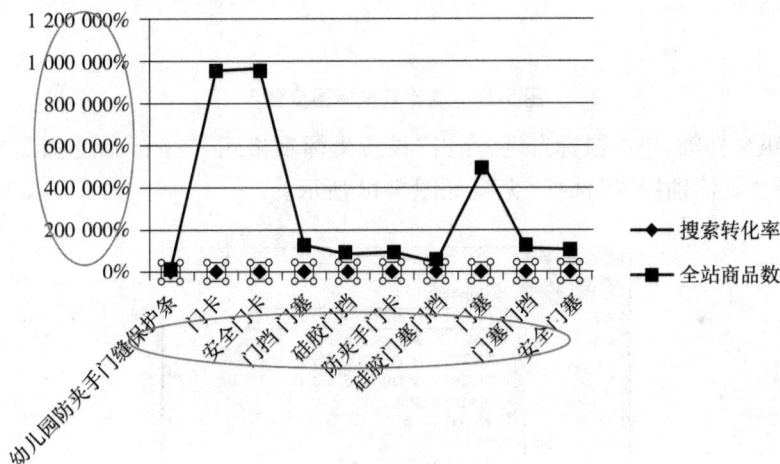

图5-15　制作双坐标图步骤1

当代表"搜索转化率"的所有数据标记点都选中时,点击鼠标右键,在"设置数据系列格式""系列选项"中选择"次坐标轴",如图5-16所示。

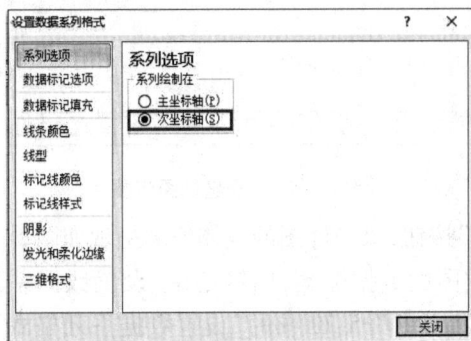

图5-16　制作双坐标图步骤2

129

如图 5-17 所示，左右坐标轴分别是衡量"全站商品数"与"搜索转化率"数据值的标尺。为了使图表价值展现得更加简洁、清晰，我们除了可以删除网格线，还可以对次纵坐标轴做一些处理。

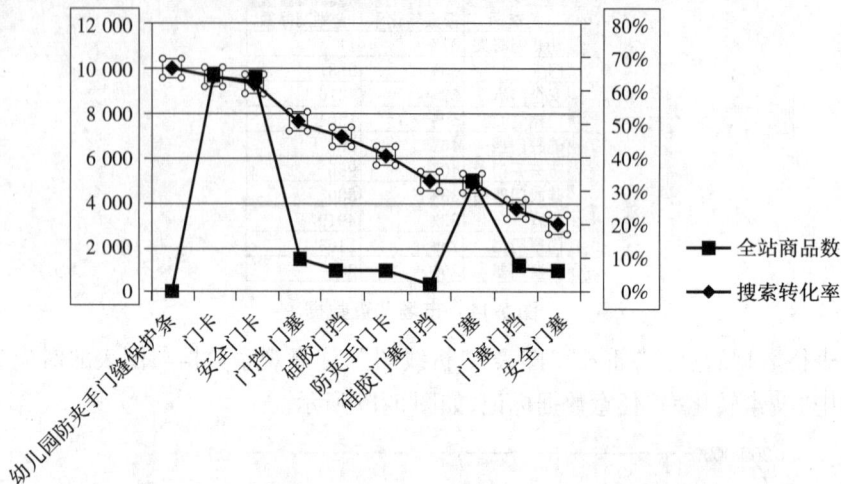

图 5-17　制作双坐标图步骤 3

选择次纵坐标轴，单击鼠标右键，点击"设置坐标轴格式""坐标轴选项"，将最小值设置为"-2.0"，"坐标轴标签"选择"无"，如图 5-18 所示。

图 5-18　制作双坐标图步骤 4

点击图 5-18 中"关闭"按钮，双坐标图的整体轮廓呈现如图 5-19 所示。

如果想美化一下折线图的数据标签，仍然是在"设置数据系列格式"中进行设置，如图 5-20 所示。有兴趣可以改变图 5-20 中的"设置数据系列格式"，看看图表会发生哪些变化。

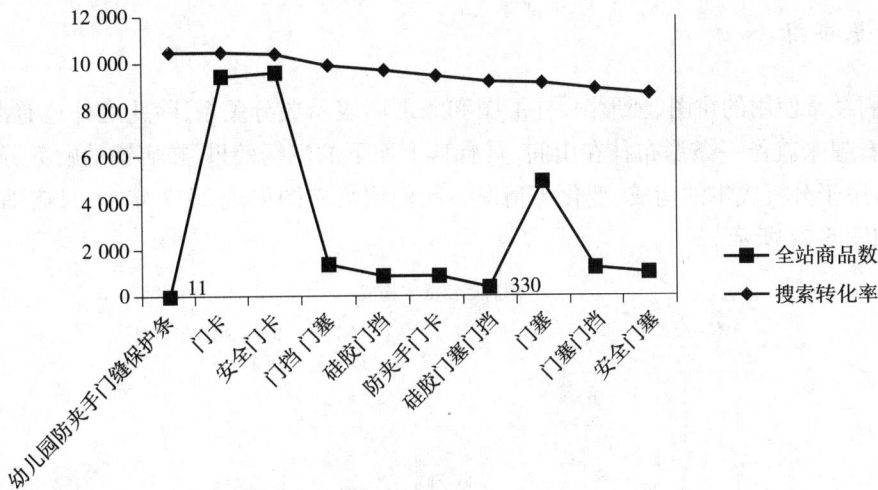

图 5-19　制作双坐标图步骤 5

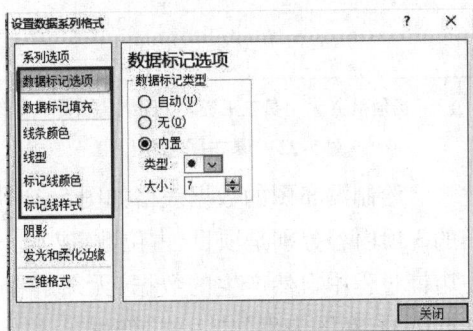

图 5-20　制作双坐标图步骤 6

131

重新设置数据标记选项、标记线颜色；"搜索转化率"全部添加数据标签；"全站商品数"最少的两项添加数据标签；增加图表标题之后，如图 5-21 所示。

安全门行业关键词搜索转化率与全站商品数

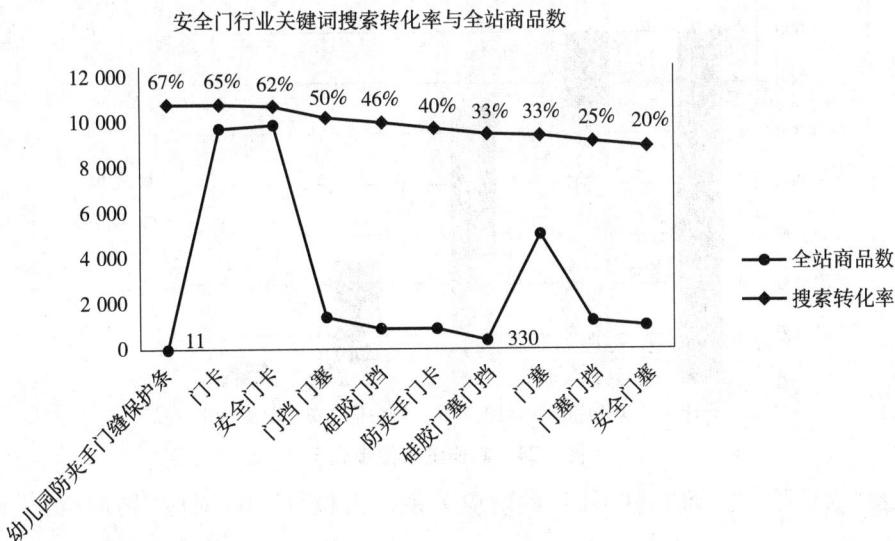

图 5-21　制作双坐标图步骤 7

3）瀑布图

我们经常使用的饼图、环形图、柱形图和条形图表示成分关系，除此之外还有瀑布图。瀑布图看起来就像一条瀑布挂在山间，具有自上而下的流畅效果，在店铺的财务分析中使用较多，用于分析成本的构成、变化等情况。我们用瀑布图展现 2017 年 11 月店铺的运营成本，如图 5-22 所示。

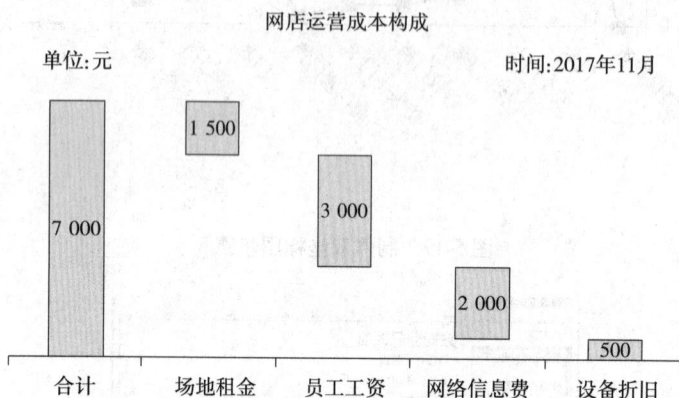

图 5-22　瀑布图示例

图 5-23　数据表格

绘制瀑布图的数据表格如图 5-23 所示。观察数据表格包含的 3 项内容分别是项目、占位数、成本。"项目"和"成本"是运营店铺过程中自然产生的数据，无须解释。"占位数"是通过计算产生的，在图表中起"占位"作用。

选中图 5-23 中所示数据，依次选择"插入""柱形图""堆积柱形图"，绘制效果如图 5-24 所示。

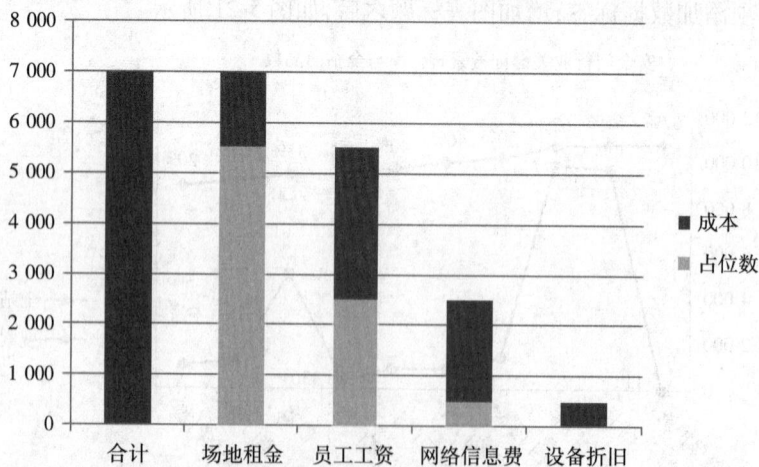

图 5-24　制作瀑布图步骤 1

观察"占位数"与"堆积柱形图"的对应关系，"占位数" B3 对应"场地租金"蓝色柱形图。

"场地租金"占位数＝"合计成本"－"场地租金"，即 B3＝C2－C3

"员工工资"占位数＝"合计成本"－"场地租金＋员工工资"，即 B4＝C2－（C3＋C4）

"网络信息费"占位数＝"合计成本"－"场地租金＋员工工资＋网络信息费"，即 B5＝C2－（C3＋C4＋C5）

可以得知 Excel 中：占位数的大小＝＄C＄2－SUM（＄C＄3：C3），如图 5-25 所示。将瀑布图"占位数"公式填充到"占位数"列的其他单元格。注意：B2 单元格的数据为 0。

图 5-25　制作瀑布图步骤 2

选中代表"占位数"的蓝色柱子，单击鼠标右键，在"设置数据系列格式"中将"填充""边框颜色"重新设定为"无填充""无线条"。点击"关闭"后效果如图 5-26 所示。

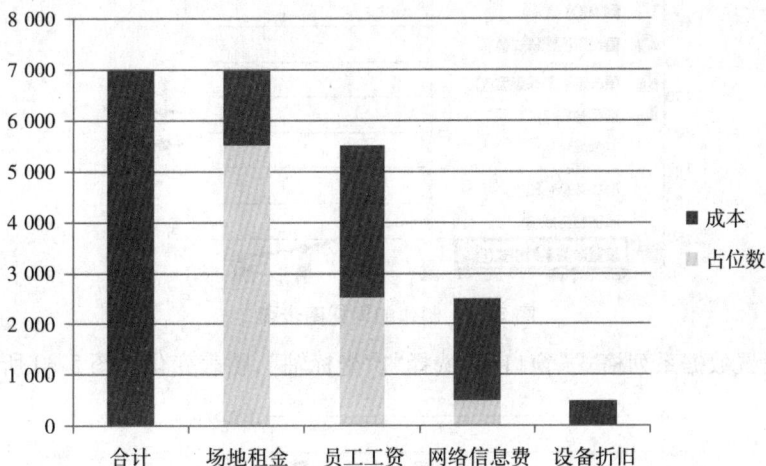

图 5-26　制作瀑布图步骤 3

请你对比图 5-22，看看绘制"网店运营成本构成"瀑布图还需要完善哪些工作呢？

4）帕累托图

帕累托图（Pareto chart）又称排列图、主次图，以意大利经济学家 V. Pareto 的名字而命名。"帕累托图"这个名称我们可能比较陌生，但和帕累托图相联系的"80/20 法则"我们一定不会陌生。帕累托图是践行"80/20 法则"的最佳工具。以店铺运营中的退货数据作为绘制帕累托图的数据源，数据如图 5-27 所示。

图 5-27　数据来源

根据买家退货实情,可以提取"退货原因"及其对应的"件数"数据。在 Excel 中,"累计件数" D3 = SUM($B$3:B3),如法炮制填充 D4:D9。"累计百分比" C3 = D3/$D$9,同样填充 C4:C9。最后绘制帕累托图的数据源如图 5-28 所示。注意:C2 单元格的数据为"0%",其作用是定位帕累托图中折线起始点。

	A	B	C	D
1	退货原因	件数	累计百分比	累计件数
2			0%	
3	原因1	400	40.00%	400
4	原因2	300	70.00%	700
5	原因3	100	80.00%	800
6	原因4	80	88.00%	880
7	原因5	60	94.00%	940
8	原因6	35	97.50%	975
9	原因7	25	100.00%	1000

图 5-28　制作帕累托图步骤 1

选择表中的 A3:C9 的数据,单击"插入""折线图"。选中"系列 2"折线,右击鼠标,弹出窗口后选择"设置数据系列格式",如图 5-29 所示。

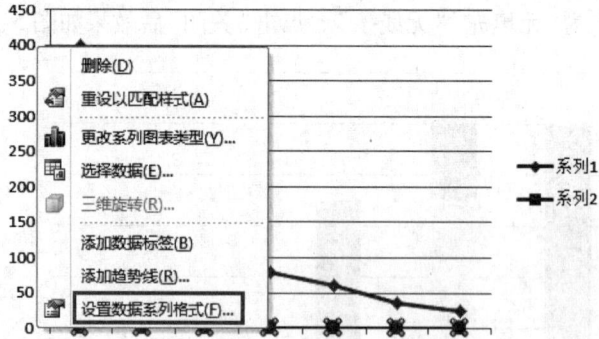

图 5-29　制作帕累托图步骤 2

弹出"设置数据系列格式"窗口中,选择"次坐标轴",图表变化如图 5-30 所示。

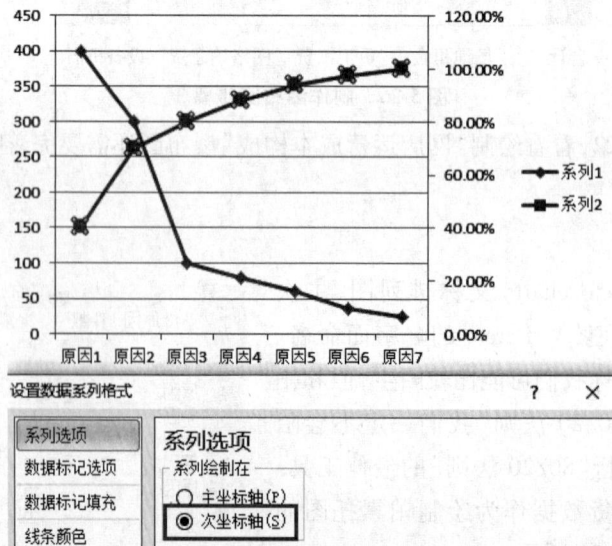

图 5-30　制作帕累托图步骤 3

接下来选中"系列1"折线,点击鼠标右键,选择"更改数据类型",将"系列1"折线更改为"柱形图",如图 5-31 所示。注意观察此时图表中的红圈勾画处与最终的帕累托图的区别。

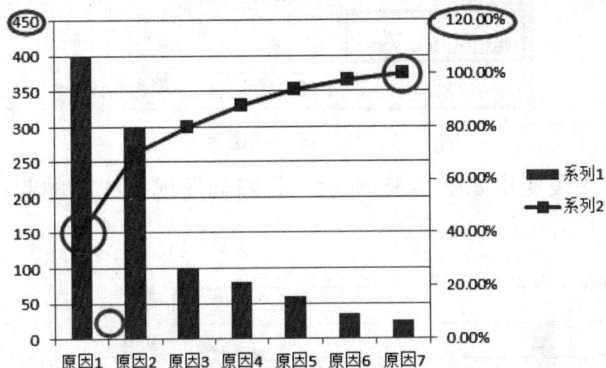

图5-31 制作帕累托图步骤4

下一步非常关键,C2 单元格的数据"0%"就要派上用场了。选中"系列2"折线,单击鼠标右键,点击"选择数据",如图5-32 所示。

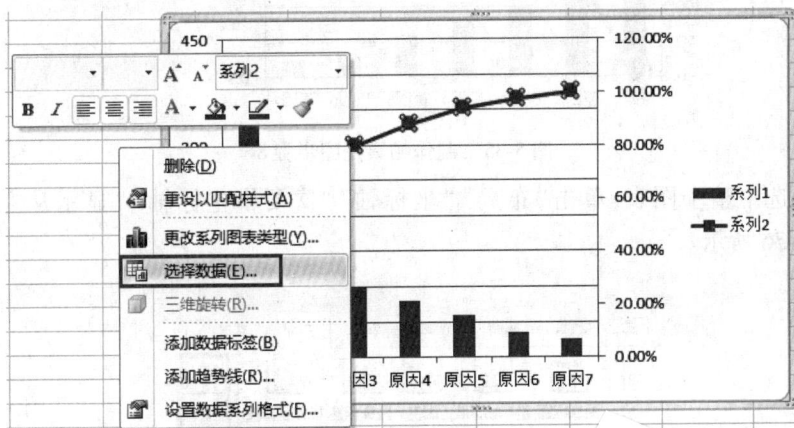

图5-32 制作帕累托图步骤5

在"选择数据源"窗口中选择"系列2"进行编辑,如图5

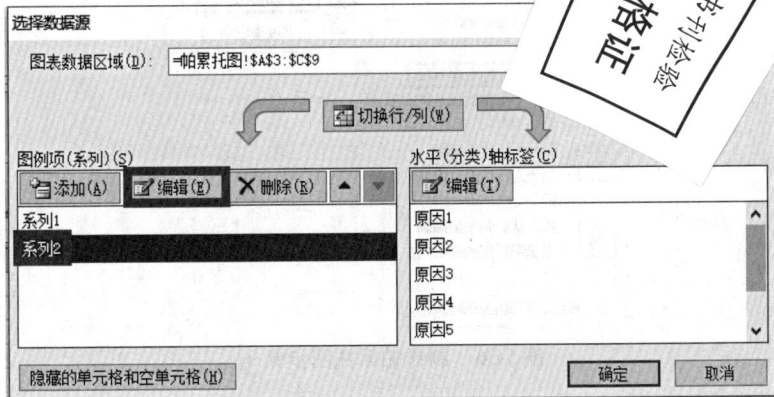

图 5-33 制作帕累托图步骤6

在"编辑数据系列"中更改"系列值"范围为 C2:C9，如图 5-34 所示。

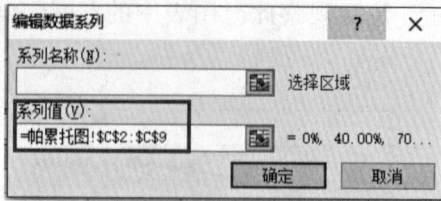

图 5-34　制作帕累托图步骤 7

点击"确定后"，图表变化如图 5-35 所示。我们会发现折线图的起始点已经与横坐标轴相交。

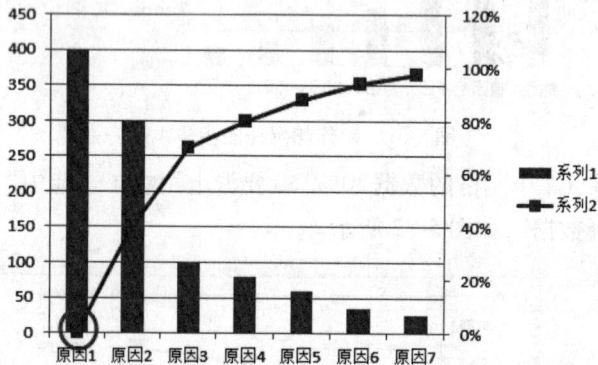

图 5-35　制作帕累托图步骤 8

接下来选中整个图表，单击"布局""坐标轴""次要横坐标轴""显示从左向右坐标轴"，如图 5-36 所示。

图 5-36　制作帕累托图步骤 9

图表呈现如图 5-37 所示。如果选择"显示从右向左坐标轴"有何不同呢?

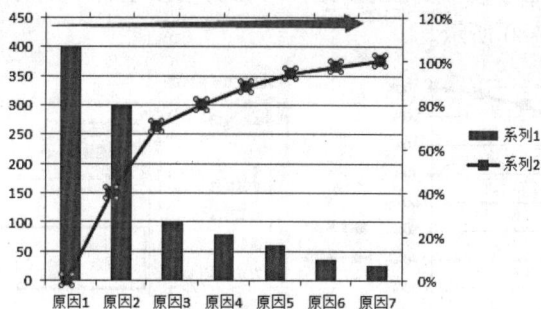

图 5-37 制作帕累托图步骤 10

选中显示的次要横坐标轴(在图表的上方),单击鼠标右键,选择"设置坐标轴格式"。在"设置坐标轴格式"对话框中,将"位置坐标轴"选择为"在刻度线上",并且把"主要刻度线类型""坐标轴标签"都设置为"无",效果如图 5-38 所示。

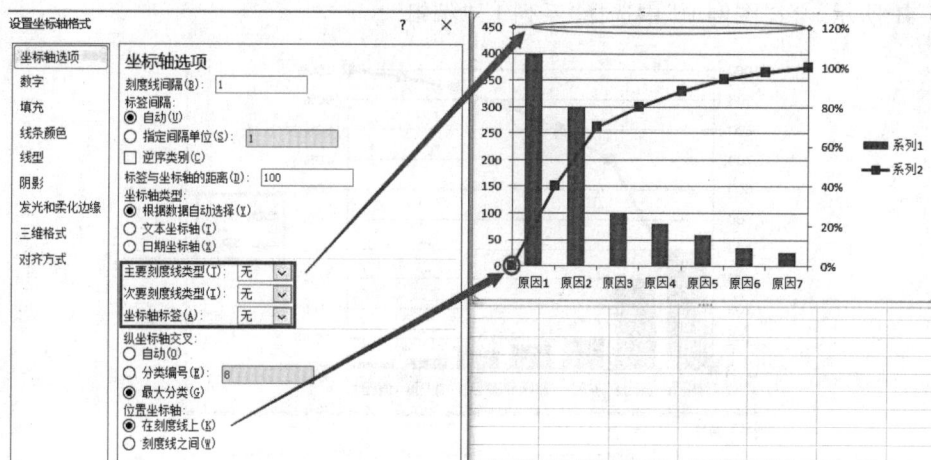

图 5-38 制作帕累托图步骤 11

137

然后我们需要调整主纵坐标的最大值了。累计退货件数是 1 000,因此我们将主纵坐标最大值设定为 1 000,如图 5-39 所示。

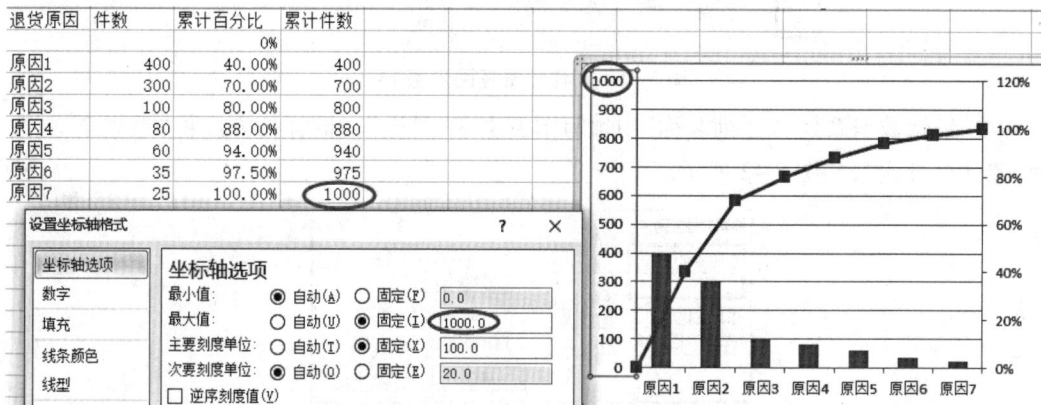

图 5-39 制作帕累托图步骤 12

现在我们需要在"设置数据系列格式"窗口中适当调整柱形条之间的间距,使折线图上第一、二两个数据标记与第一个柱形图左下、右上两角重合。别忘了将次纵坐标轴最大值更改为100%,如图5-40所示。

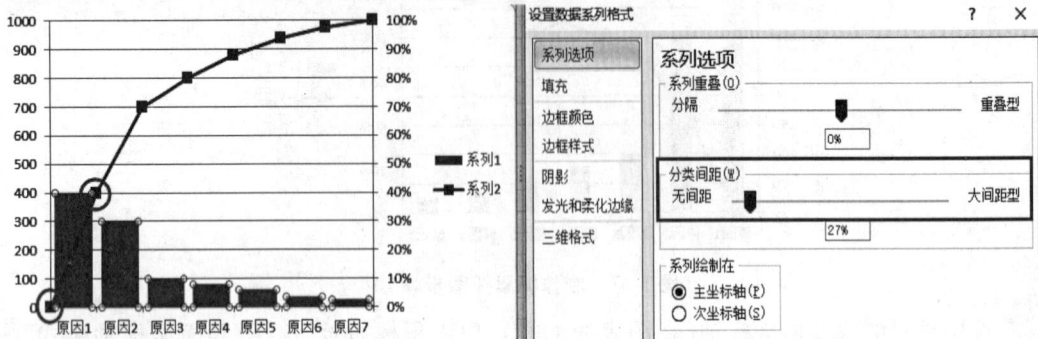

图 5-40　制作帕累托图步骤 13

此时我们需要修改图例中的文字,选中图表点击右键后选择"选择数据源",弹出窗口如图 5-41 所示。在"图例项"中选择"系列 1""编辑"。

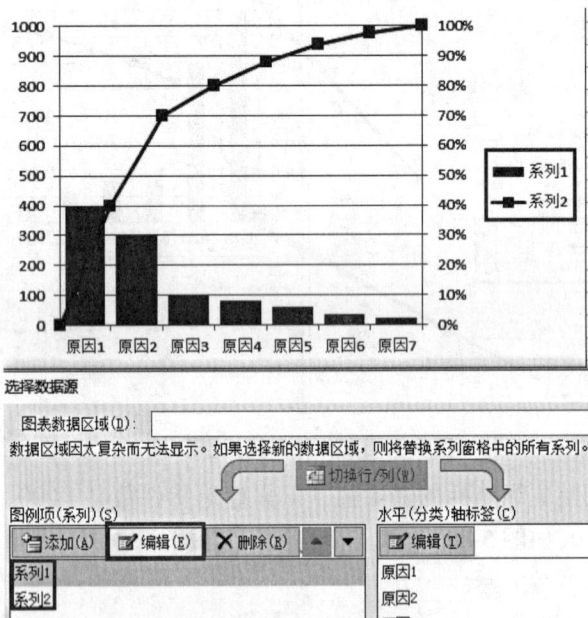

图 5-41　制作帕累托图步骤 14

在"编辑数据系列""系列名称"中填写图例文字"件数"。同样的方法将"系列 2"更改为"累计百分比",如图 5-42 所示。

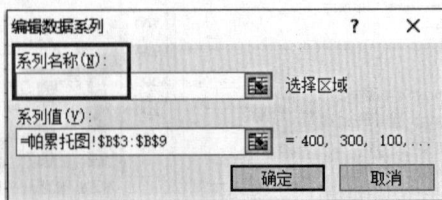

图 5-42　制作帕累托图步骤 15

图例内容更改完成后,帕累托图基本制作完毕,如图 5-43 所示。

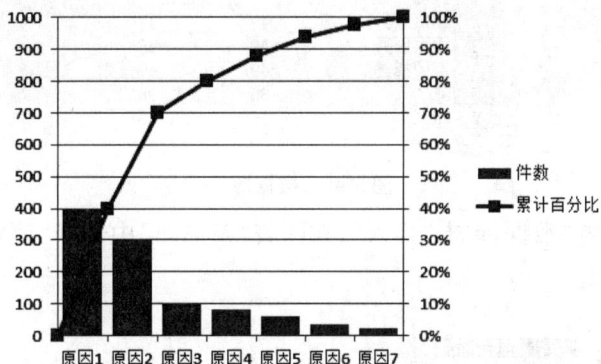

图 5-43　制作帕累托图步骤 16

剩下的工作就是添加图表标题、数据标签,以及在外观上对图表进行美化。帕累托图"退货原因分析"制作完毕如图 5-44 所示。

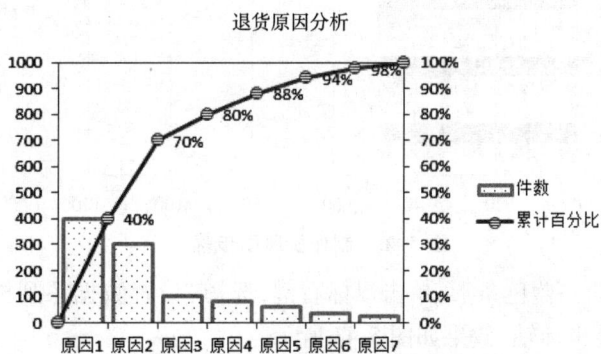

图 5-44　制作帕累托图步骤 17

用帕累托图来展现买家申请退货的原因及其对应的数量关系。如果数据展现呈现"二八"分布,还可以结合"80/20 法则",思考造成退货的主次原因,抓住造成退货的主要原因采取纠正措施。

5)旋风图

旋风图主要用于以下情形:

第一,同一事物受某个活动、行为的影响,不同指标呈现出的变化。例如:店铺促销活动开展前后,店铺访问量、单品销量等不同指标的变化。

第二,同一事物在某个指标变化下,另一指标受影响也随之变化,具有因果关系。例如:单品价格与销量的关系。

第三,两个类别之间不同指标的比较。例如:两家店铺销售同一款宝贝,各自的 DSR 值、自然搜索排行、价格、月销量等各项指标对比。

旋风图的用途不限于以上三种,可以在电子商务数据分析研究上挖掘其使用价值。

旋风图是由条形图制作而成,数据源如图 5-45 所示。

	A	B	C
1	item	product1	product2
2	物流服务	49	47
3	卖家服务	49	48
4	宝贝描述	49	49
5	SEO	85	98
6	PRICE	46	45
7	order	25	35

图 5-45　数据源

选择 A1:C7 范围的数据,单击"插入",在图表"条形图"中选择"簇状条形图",效果如图 5-46 所示。

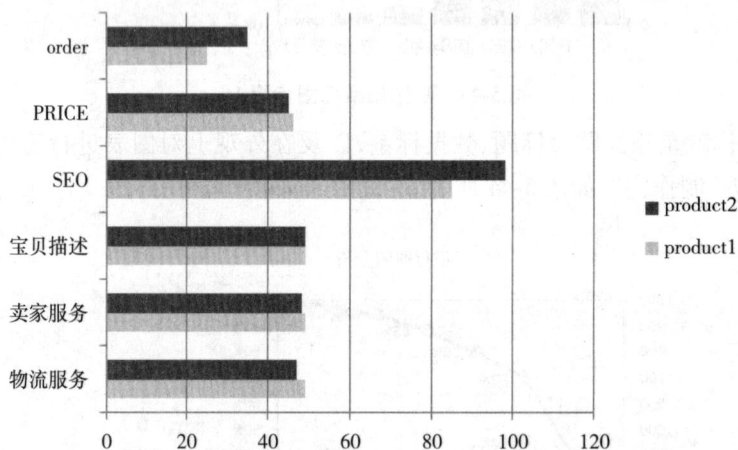

图 5-46　制作旋风图步骤 1

选中图 5-46 中任一蓝色条形,单击鼠标右键,选择"设置数据系列格式""次坐标轴"。图表中出现了两个横坐标轴,效果如图 5-47 所示。

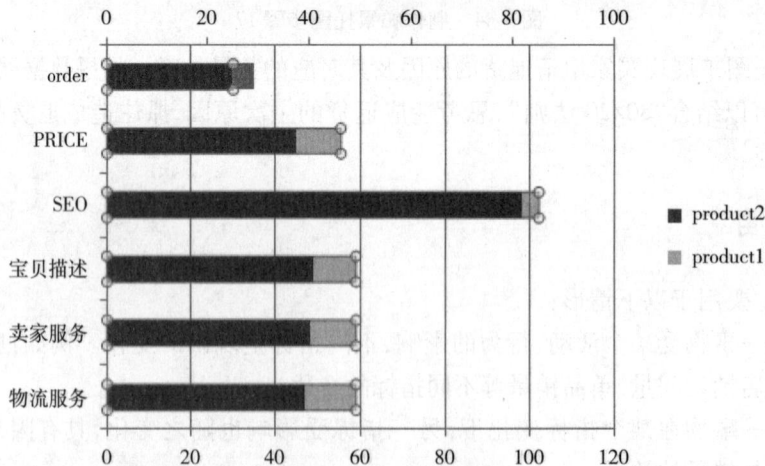

图 5-47　制作旋风图步骤 2

在"设置坐标轴格式"对话框中设置两个横坐标轴的最大值都为"100"、最小值都为"-100"。效果如图 5-48 所示。

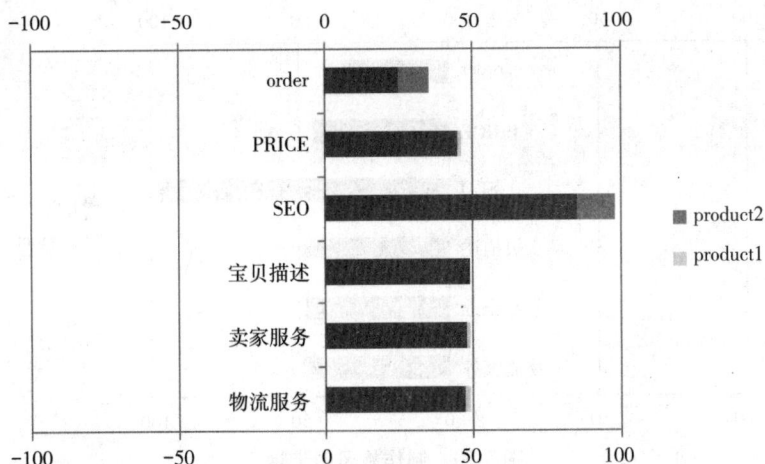

图 5-48　制作旋风图步骤 3

在"设置坐标轴格式"对话框的"数字"页面,将"类别"选择"自定义",在"格式代码"中填写"0;0;0",并添加至"类型"框处,选中刚添加的"0;0;0"类型,如图 5-49 所示。

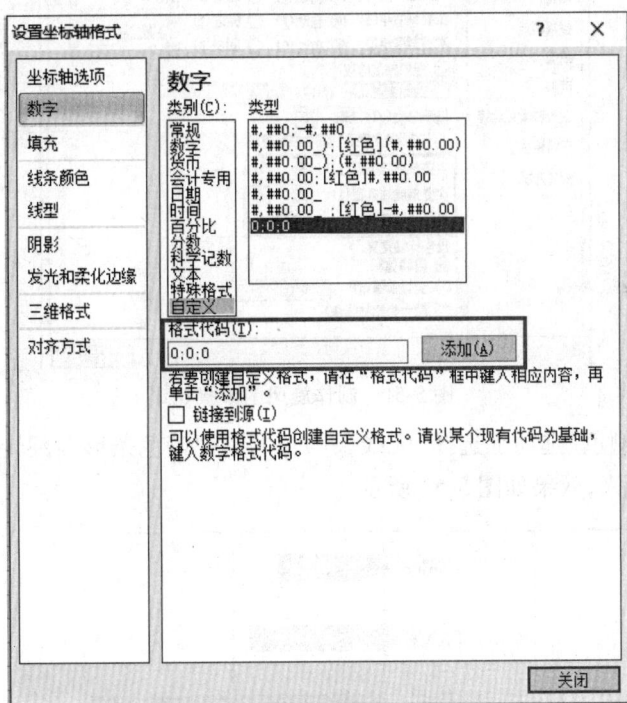

141

图 5-49　制作旋风图步骤 4

调整后的图形如图 5-50 所示。此步骤的操作目的是让负轴不显示负数,直接显示正数。如果数值比较小,可设置为带一位小数"0.0;0.0;0.0"或者带百分比"0%;0%;0%",以此类推,设置为所需的格式。

接下来选择上方的横坐标轴,单击鼠标右键,选择"设置坐标轴格式",在"坐标轴选项"中,勾选"逆序刻度值",并且把"主要刻度线类型""坐标轴标签"都设置为"无",如图5-51 所示。

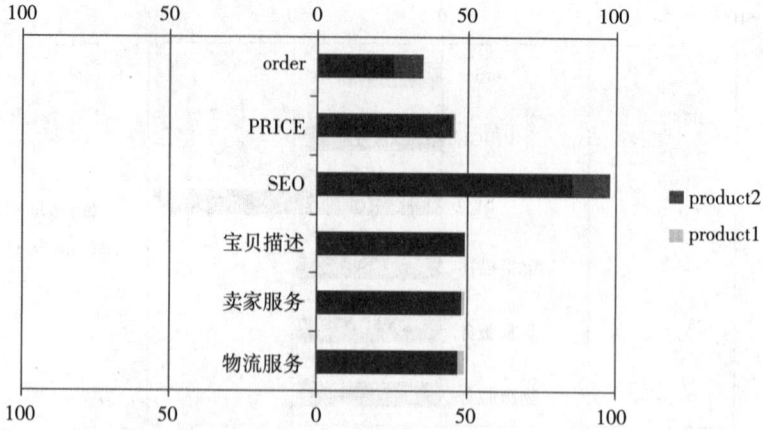

图 5-50　制作旋风图步骤 5

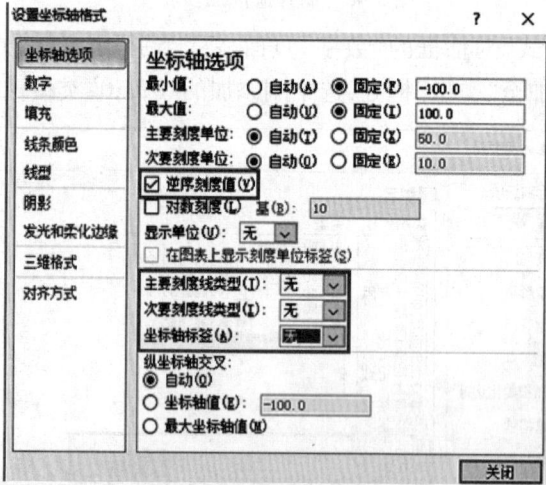

图 5-51　制作旋风图步骤 6

另外在"线条颜色"选项上选择"无线条"，目的是把蓝色条形图翻转至左边，并且把上方横坐标轴隐藏起来，效果如图 5-52 所示。

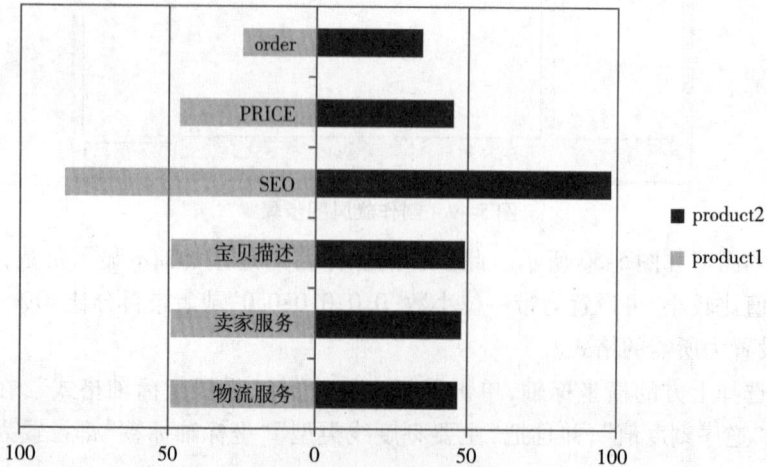

图 5-52　制作旋风图步骤 7

选择纵坐标轴,单击鼠标右键,选择"设置坐标轴格式",在"坐标轴选项"中,把"主要刻度线类型"设置为"无","坐标轴标签"设置为"低"。此步骤是为了把坐标轴标签(图中的指标名称)移至图的最左边,如图5-53所示。

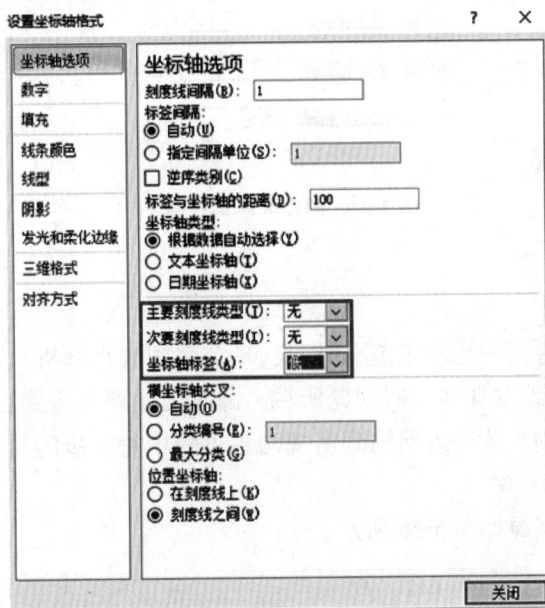

图 5-53　制作旋风图步骤 8

图中的指标名称移至左边后效果如图5-54所示。

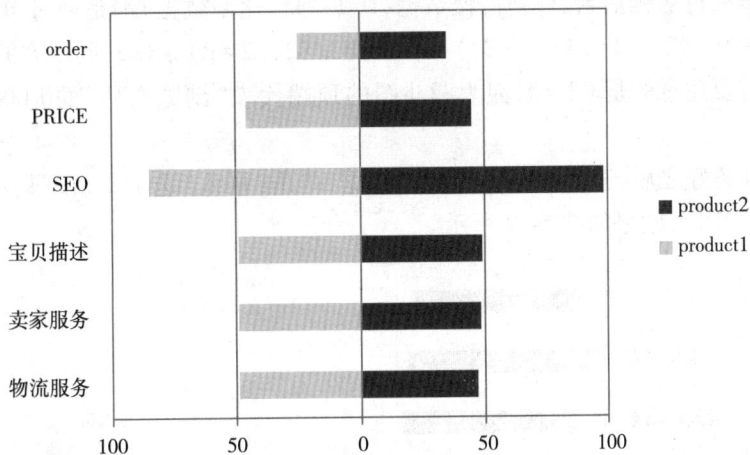

图 5-54　制作旋风图步骤 9

添加数据标签、图表标题,删除网格线,再进行美化后展现效果如图5-55所示。

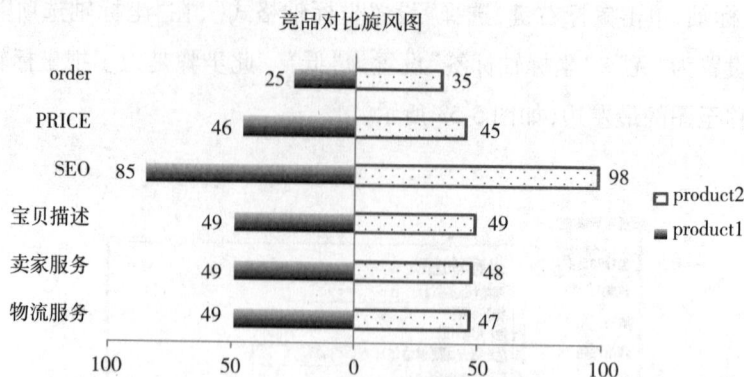

图 5-55　制作旋风图步骤 10

6）漏斗图

漏斗图适用于业务流程比较规范、周期长、环节多的流程分析。通过漏斗各环节业务数据的比较，能够直观地发现和说明问题所在。漏斗图是评判店铺运营状况的图表，运用漏斗图可以直观展示用户从进入网站到实现购买过程中每一步的转化情况。怎么制作漏斗图呢？

制作漏斗图的数据源如图 5-56 所示。

	A	B	C	D	E
1	环节	人数	占位数据	每环节转化率	总体转化率
2	浏览商品	1000	0	100%	100%
3	咨询客服	500	250	50%	50%
4	放入购物车	180	410	36%	18%
5	生成订单	130	435	72%	13%
6	完成支付	110	445	85%	11%

图 5-56　数据源

B 列数据来自店铺后台，C 列占位数据，D、E 列转化率数据，都是通过 B 列数据直接计算得出。具体计算 C2 =（$B$2−B3）/2，D2 = B3/B2，E2 = B3/$B$2，同一列的其他单元格以此类推。需要注意的是 C2 = 0，因为漏斗图的顶端代表"浏览商品"的 1 000 人，不需要"占位"。

数据源准备好之后，选择 A1：C6 范围的数据，单击"插入"选项卡，在图表"条形图"中选择"堆积条形图"，效果如图 5-57 所示。

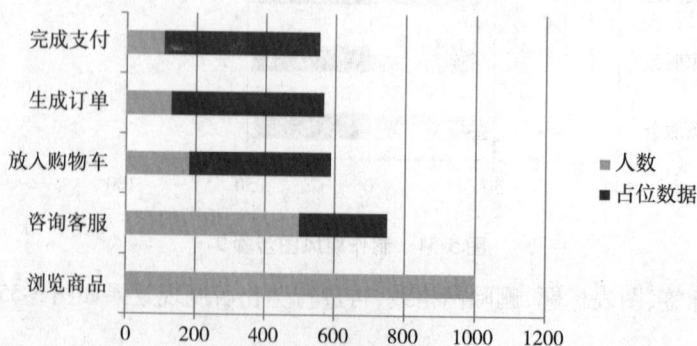

图 5-57　制作漏斗图步骤 1

观察图5-57,纵轴的顺序反了,可以用"逆序类别"功能纠正。选中纵坐标轴,单击鼠标右键,选择"设置坐标轴格式",在"坐标轴选项"中勾选"逆序类别",如图5-58所示。

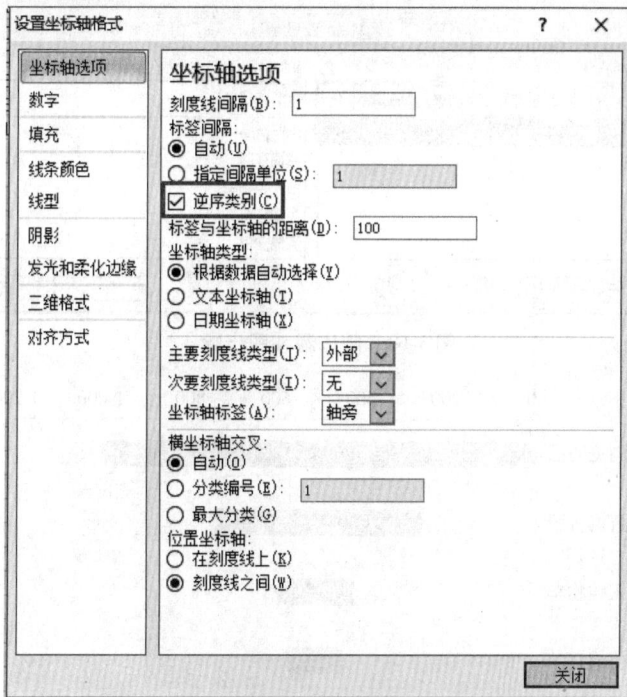

图 5-58　制作漏斗图步骤 2

点击图5-58中"关闭"按钮,效果如图5-59所示。

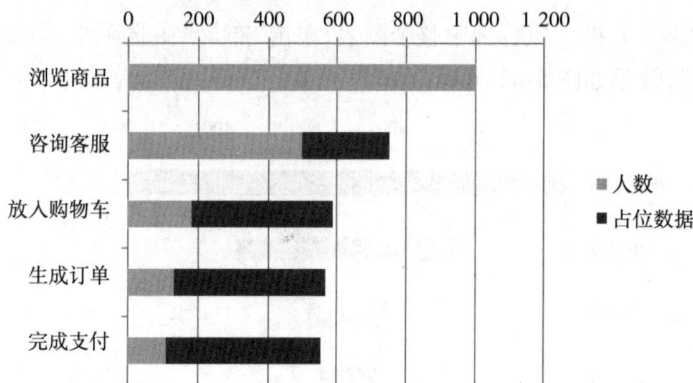

图 5-59　制作漏斗图步骤 3

观察图5-59,发现"人数"的条形图应该在中间才对,需要把"人数"和"占位数据"的顺序调整一下。在图表上单击右键,选择"选择数据",在弹出的对话框中选择"人数"这个数据系列,单击"下移"按钮,如图5-60所示。

把占位数据隐藏起来,删除图例、网格线,此时漏斗图如图5-61所示。

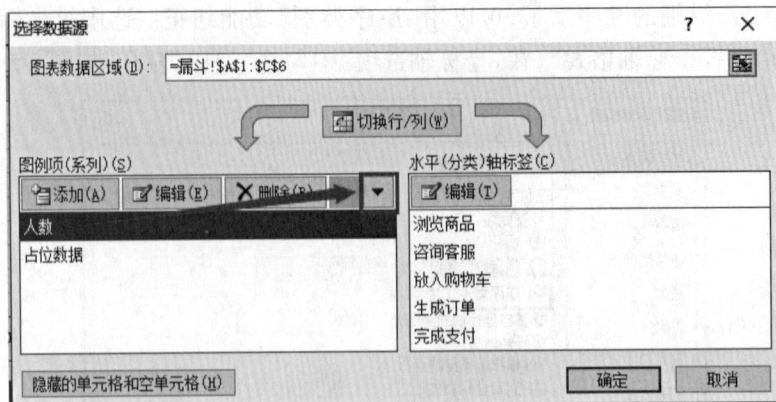

图 5-60　制作漏斗图步骤 4

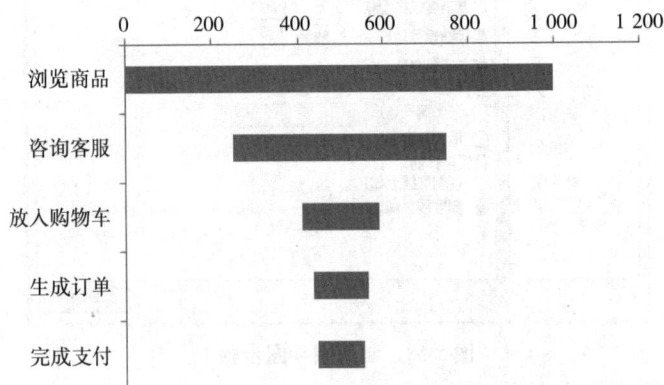

图 5-61　制作漏斗图步骤 5

接下来添加漏斗外框。鼠标选中整个图表，单击"布局"主选项卡，再依次点击"分析""折线""系列线"，效果如图 5-62 所示。

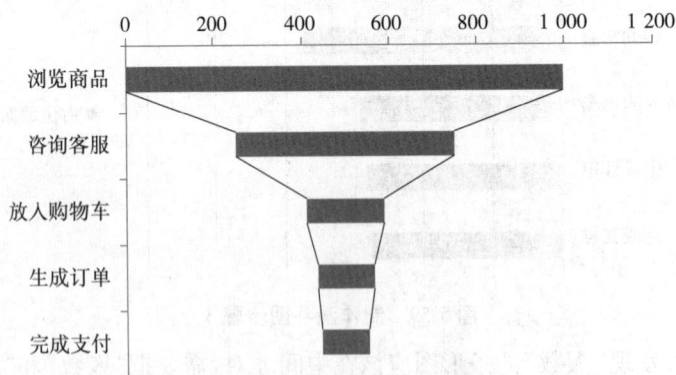

图 5-62　制作漏斗图步骤 6

漏斗图上的数据标签和前面的添加方法有所不同，每环节转化率需要手工添加，总体转化率除了手工添加，还可以利用 JWalk Chart Tools 工具进行添加。这里不作具体讲解，对 JWalk Chart Tools 工具感兴趣的朋友可以留意散落在网络中的学习资源。

数据标签及图表标题的效果如图 5-63 所示。

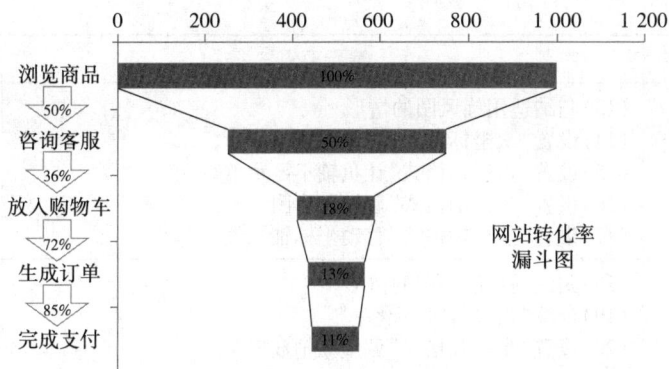

图 5-63　制作漏斗图步骤 7

【教师演示】

1. 演示目的

运用 Excel 制作电子商务类数据分析报告中出现的高频图表,用精雕细琢的图表展现数据价值。

2. 演示内容

数据分析报告中制作各类图表演示内容见表 5-1。

表 5-1　各类图表演示内容

序号	演示内容	演示要点	时　间
1	平均线图	(1)"更改系列图表类型"将双柱图改为柱线图 (2)设置"图表工具"添加各种标题 (3)"排序"数据样本	
2	双坐标图	(4)设置"次坐标轴" (5)设置"坐标轴格式" (6)设置"数据系列格式"	
3	瀑布图	(7)计算"占位数"	
4	帕累托图	(8)归纳适用帕累托图的情形 (9)"选择数据"定位帕累托图折线起始点 (10)从左向右显示次要横坐标轴及其细节设置 (11)设置纵坐标最大值 (12)设置"数据系列格式"调整柱形条间距	

147

续表

序号	演示内容	演示要点	时间
5	旋风图	(13)归纳适用旋风图的情形 (14)设置"次坐标轴"出现主次横坐标 (15)设置"坐标轴格式"让负轴不显示负数 (16)设置"坐标轴格式"翻转条形图 (17)设置"坐标轴格式"移动坐标轴标签	
6	漏斗图	(18)归纳适用漏斗图的情形 (19)计算"占位数""转化率" (20)设置"坐标轴格式"调整纵轴数据顺序 (21)编辑"选择数据"中"占位数"的显示顺序 (22)添加漏斗外框并编辑数据标签	

数据分析报告一定要"图文并茂",不仅要通过图表直观、形象地展现数据,还应对相应的图表进行必要的文字描述,否则不能称为数据分析报告。请仔细阅读本书附录中的数据分析报告,汲取有关文字内容和结构的写作知识。除了可以通过阅读优秀的数据分析报告直接学习撰写技能,学习者还可以通过总结电子商务的业务经验,输出商业数据分析等方式间接提升撰写报告的技能。

【学生演练】

从训练技能角度考虑,图表制作和文字表达是撰写数据分析报告的核心。只有精雕细琢地制图,字斟句酌地表意,在商务实践中长期坚持撰写报告,才能逐步掌握撰写数据分析报告的技能。

1. 演练要求

①在完成任务三、任务四的基础上,经过团队成员讨论后确定数据分析报告主题。
②明确撰写数据分析报告的目的,通过报告的结构和内容全面展现数据分析过程。
③数据分析报告业务逻辑合理,图文结合,表述准确。

2. 演练提示

①数据分析报告只是一种沟通与交流的形式,实践中它内容和结构都大相径庭,并没有绝对的标准。但数据分析报告中使用的名词术语一定要准确、统一,是业内公认的术语。
②数据分析报告编制过程一定要谨慎,基础数据必须真实,内容要实事求是。
③数据分析报告是展现数据价值的载体,因此无论是报告的内容、结构,还是图表都应汲取分析者的创造力。
④数据分析报告的质量高低很大程度上体现了数据分析水平的高低,学习者不可小觑撰写演练。

学习性工作任务单

任务名称:撰写数据分析报告　　　　　　　　　　　制订时间:

小组成员:

学习目标转化
根据【学生演练】的要求与提示,参考【教师演示】的内容,将学习目标转化为工作任务目标。

工作任务分解
围绕工作任务目标,明确并细化工作任务。

任务完成进度
完整记录工作任务完成进度。

学习成果
简单描述完成工作任务后的学习收获。

疑难知识
简单描述学习过程中遇到的困难。

指导记录
导师点评、答疑、教学反思。

附　录

附录1　重庆大数据人才招聘需求数据分析报告

1. 报告背景

大数据时代,随着数据种类的不断增加,企业对数据分析处理专业人才的需求越来越旺盛,同时,对分析处理数据的技术能力要求也越来越高。越来越多的 IT 专业人士希望能够进入充满机遇和挑战的大数据领域,但是,到底哪些具体的大数据专业岗位和人才最受企业青睐呢?

我们在很多新闻媒体中经常看到大数据领域的商业大佬或者专家学者都在反复强调目前大数据发展最缺少的是人才。那么,大数据人才有多紧缺? 大数据人才招聘有多火爆? 想要成为大数据人才需要具备哪些技能呢?

重庆市政府近几年正在积极发展大数据、云计算等产业,重点打造的"仙桃数据谷"已经有很多知名企业的大数据项目落地入驻。那么,重庆的大数据人才是否紧缺? 重庆的大数据企业都在招聘怎样的大数据人才? 重庆地区大数据职位的薪酬水平如何? 重庆的哪些行业需要大数据人才?

本报告试图利用大数据技术与分析方法,从互联网上获取重庆地区的大数据人才招聘数据,并依据大数据分析的结果来回答上述问题。

2. 数据分析对象及数据采集规则

本报告中的数据分析对象为各大招聘网站上发布的重庆地区的大数据相关的招聘广告职位信息。利用大数据网络爬虫技术,从互联网上抓取大数据职位的招聘数据。

在数据采集规则方面,拟定采集时间区间为:6 月 20—26 日。采集的招聘数据的技术关键词包括:大数据、数据分析、Hadoop、Spark、NoSQL、HIVE 等。

大数据招聘网站的采集网址包括:前程无忧、智联招聘、中华英才网、拉勾网、汇博人才网、全才招聘网。

大数据高级开发工程师招聘广告示例，如附录图1-1、附录图1-2所示。

大数据高级开发工程师

重庆　　科技有限公司

公司行业：计算机软件 互联网/电子商务

公司性质：民营公司

公司规模：150-500人

立即申请

附录图1-1　招聘广告示例1

任职要求：

1.本科以上学历，具有5年以上BI项目开发设计经验，3年以上大数据项目开发经验，处理过TB级数据规模；

2.扎实的计算机编程能力和良好的编程习惯，熟悉linux环境下编程，精通java/scala/python语言，熟悉常用的shell命令工具；

3.对大数据基础架构和平台有丰富经验，熟悉HADOOP生态系统(如 HDFS, Hbase, MapReduce, Hive等)，熟悉STORM、SPARK等主流大数据处理平台的应用场景设计；

4.熟悉主流数据库技术（如Oracle、SQLServer、GP、MySQL等）及主流NoSQL或NewSQL等数据库技术，具备较强的SQL编码及调优经验；

5.熟悉主数据、元数据、数据质量等企业数据管理相关的体系和方法；

6.熟悉Tableau/Cognos/BO/Datastage/SAS/SPSS等BI工具软件优先，具有数据挖掘、机器学习经验优先；

7.掌握多线程及高性能程序设计编码及性能调优，有高并发应用开发经验，主导过单日新增记录条数过亿项目者优先；

8.具备强烈的进取心，良好的自我学习能力，良好的沟通表达能力，良好的文档撰写能力，善于团队合作。

附录图1-2　招聘广告示例2

招聘数据示例如附录图1-3所示。

招聘职位	招聘公司	公司行业	公司性质	工作地点	招聘人数	学历	薪酬范围均值
系统构架师 (Syste	重庆　　　科技有限公司	计算机软件,互联网/电子商务	民营公司	重庆-九龙坡区	1	硕士	27500
架构师	重庆　能源技术有限公司	计算机软件	民营	重庆	2	不限	25001
软件架构师	重庆　能源技术有限公司	计算机软件	民营	重庆	1	本科	25001
大数据架构师	重庆　能源技术有限公司	计算机软件	民营	重庆	1	本科	25001
大数据架构师	重庆　能源技术有限公司	计算机软件	民营	重庆	1	大专	25001
总架构师	重庆　自он科技有限公司	IT服务(系统/数据/维护)	国企	重庆	1	本科	25001
高级架构师	Enterprise	计算机服务(系统、数据等)	外资（欧美）	重庆-沙坪坝区	1	本科	25000
大数据架构师	科技有限公司	计算机软件,互联网/电子商务	民营公司	渝中大厦	1	本科	22500
大数据架构师	科技有限公司	计算机软件	民营公司	重庆市两江新区黄	1	本科	22500
大数据架构师	科技有限公司	计算机软件,互联网/电子商务	民营公司	重庆-渝中区	1	本科	22500
大数据架构师	科技有限公司	计算机软件,互联网/电子商务	民营公司	渝中大厦	1	本科	22500
大数据架构师	重庆　科技有限公司	计算机软件/互联网/电子商务	民营公司	重庆渝中区	1	本科	22500
大数据架构师(架	重　　　科技有限公司	互联网/电子商务	民营公司	重庆	1	大专	22500
系统解决方案架构	Enterprise	计算机服务(系统、数据服务等)	外资（欧美）	重庆	1	本科	20000
系统架构师	科技有限公司	计算机软件,互联网/电子商务	民营公司	渝中大厦	1	本科	19500
系统架构师	科技有限公司	计算机软件,互联网/电子商务	民营公司	渝中大厦	1	本科	19500
系统架构师	科技有限公司	计算机软件,互联网/电子商务	民营公司	重庆-渝中区	1	本科	19500

附录图1-3　招聘数据示例

3. 人才招聘分布

1）主城各区大数据招聘职位数量分布

从大数据招聘职位的工作地点分布数据来看，在主城9区中，大数据相关的职位主要集中在九龙坡区（34.8%）、渝北区（24.0%）、渝中区（18.5%），这3个区合计占到总招聘职位数的77.3%。而巴南区、大渡口区、北碚区几乎没有和大数据相关的招聘职位，如附录图1-4。

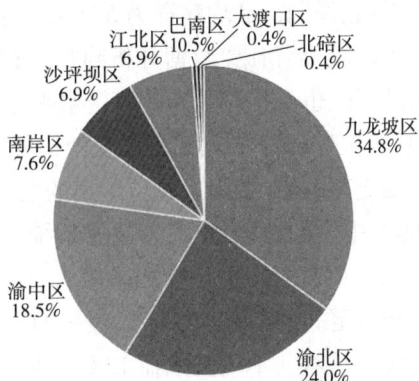

巴南区 10.5%
大渡口区 0.4%
北碚区 0.4%
江北区 6.9%
沙坪坝区 6.9%
九龙坡区 34.8%
南岸区 7.6%
渝中区 18.5%
渝北区 24.0%

附录图1-4　重庆市大数据招聘职位数据（城区分布）

2）重庆大数据招聘职位行业分布

根据招聘职位的公司所属行业，数据分析结果显示，需要招聘大数据相关人才的企业主要还是集中在"计算机/软件服务"，以及"互联网/电子商务"两大核心行业。其中，"计算机/软件服务"行业的招聘职位数占到了总量的45.6%，而"互联网/电子商务"行业的职位数占比34.7%。很明显，相对于其他传统行业，这两个行业都是原始积累的数据体量比较大，IT信息化程度比较高，数据采集成本比较低，数据增长速度依然较快。因此，对大数据分析的技术以及人才需求量都比较大，如附录图1-5所示。

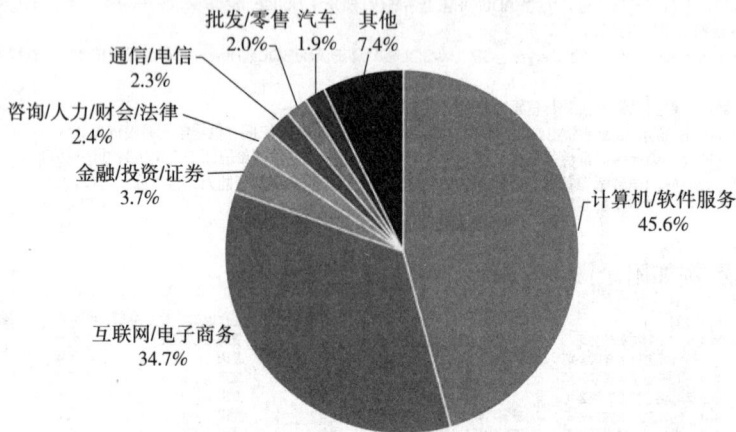

附录图1-5　重庆市大数据招聘职位行业分布

4. 招聘职位薪酬对比分析

根据不同的大数据职位以及职位的职能要求，将大数据相关职位分为以下五类：数据分析师、开发工程师、建模算法工程师、大数据系统架构师、大数据部门经理或者技术总监。根据不同类型大数据职位的招聘广告中提供的薪酬水平，对比分析薪酬水平的差异。

从数据分析结果可以看到，"数据分析师"属于大数据分析类职位中的入门岗位，因此薪酬水平相对较低，平均薪资为5 700，中位数为4 500。"开发工程师"，属于大数据开发类职位的入门职位，相比"数据分析师"，"开发工程师"对求职者的技术要求与程序开发能力都更高，因此，也有相对更高的薪资水平，这类职位的平均薪资约为7 600，中位数为7 000。"建模算法工程师"与"大数据系统架构师"都属于大数据职位中对技术能力和工作经验年限要求都更高的职位，用人单位给出的薪资水平也更高，"建模算法工程师"的平均薪资约为10 000，中位数为9 000；"大数据系统架构师"的平均薪资约为11 000，中位数为8 500，该职位的平均薪资与中位数相差较大，这说明有的企业为了招聘能胜任该职位的人才，愿意提供相对更高的薪资水平。大数据的管理类岗位的薪酬水平是最高的，"大数据部门经理或者技术总监"，平均薪酬在12 000左右，如附录图1-6所示。

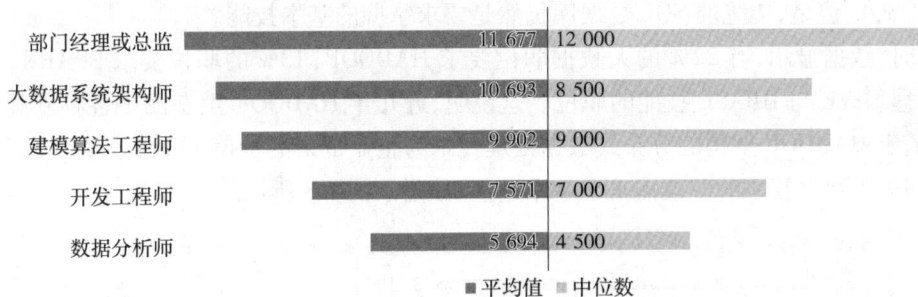

	11 677	12 000	部门经理或总监
大数据系统架构师	10 693	8 500	
建模算法工程师	9 902	9 000	
开发工程师	7 571	7 000	
数据分析师	5 694	4 500	

■ 平均值　■ 中位数

附录图 1-6　重庆市大数据招聘职位薪酬对比

　　下图显示了不同类型的大数据职位的薪资水平分布对比数据,从该图中可以更清楚地看到各类大数据招聘职位不同薪资水平分段的占比。对于"大数据部门经理或者总监"类职位,有 20% 的职位薪酬水平在 15 000 以上, 10 000 ~ 15 000 的也占到了 24%。此外,有 68% 的"大数据开发工程师"职位提供的薪酬为 5 000 ~ 8 000。而对于"数据分析师"类型的职位,薪资水平相对较低,3 000 以下的职位占比 19%,而其他四类大数据职位几乎没有 3 000 以下的职位,如附录图 1-7 所示。

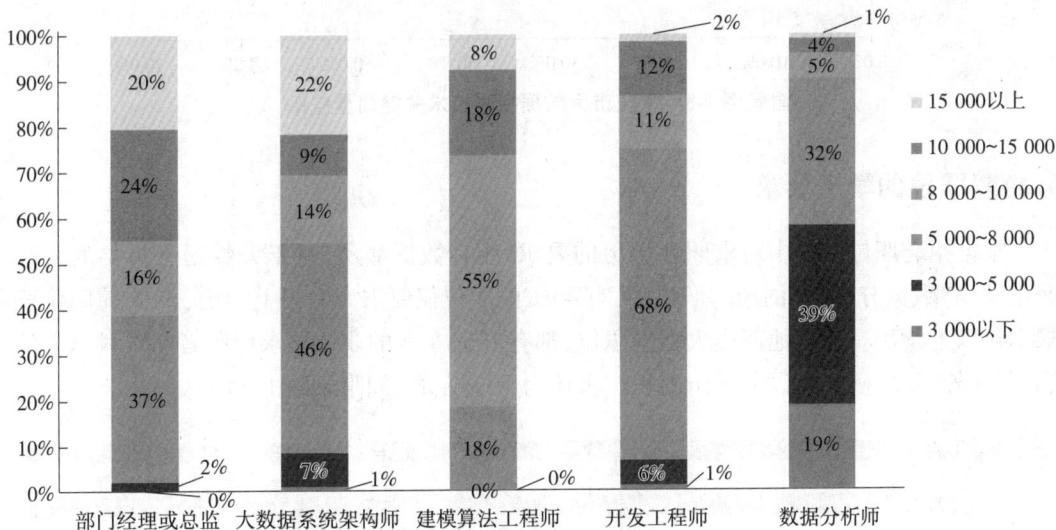

附录图 1-7　不同职位的薪资水平分布对比分析

5. 招聘职位技术关键词分析

　　通过分析大数据招聘广告中的职位描述内容,统计在招聘广告中提到各类技术关键词的职位数量占比,得到附录图 1-8 的统计分析结果。从图中可以看到,60% 以上的职位提到了 JAVA,这一方面是因为 JAVA 作为一门开发语言在企业中的应用比较广泛,另一方面是因为目前流行的大数据开源技术 HADOOP 是基于 JAVA 语言实现的,因此,大数据技术相关的职位大多数都会要求 JAVA 语言。

　　此外,有 35% 的职位要求 SQL 技能,25% 的职位要求 ORACLE 相关技能,18% 的职位要求 MYSQL。这说明,在大数据分析的职位中,虽然现在流行基于分布式的 HADOOP 框架

153

以及 NOSQL,但是,传统的 SQL 数据库仍然是要求掌握的基本技能。

同时,数据显示,有 22% 的大数据职位要求 HADOOP,13% 的职位要求 SPARK,11% 要求掌握 HIVE 与 HBASE 技能的职位。这说明,近几年 HADOOP 生态圈中各种新技术的流行,基于 HADOOP 架构的分布式数据处理技术为企业带来的价值也不断为企业所认可,因此,相关大数据技术的职位需求也越来越多,如附录图 1-8 所示。

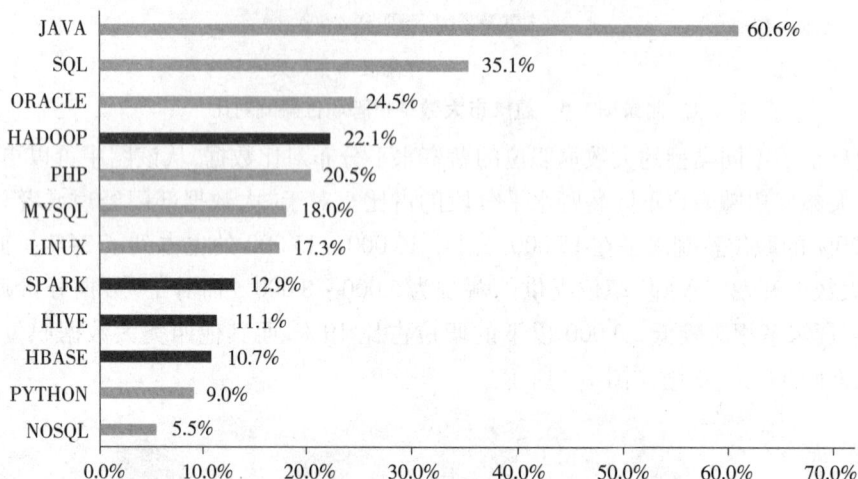

附录图 1-8　重庆市大数据招聘技术关键词覆盖率

6. 招聘职位的学历要求

根据招聘职位广告中对求职者学历的要求,统计数据显示,对于大数据分析类的入门职位——"数据分析师"的招聘职位中,有 45% 的职位仅要求大专以上学历,53% 的职位要求本科以上学历。而其他四类大数据职位,都有 70% 左右的职位要求应聘者为本科以上的学历,此外,要求硕士及以上学历的职位占比为 10% 左右,如附录图 1-9 所示。

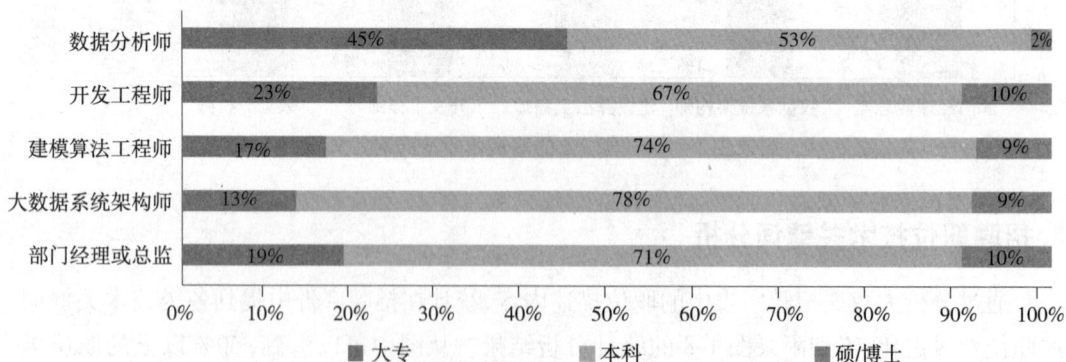

附录图 1-9　重庆市大数据招聘职位的学历要求

附录2　对酒当歌,人生几何——酒仙网白酒消费数据分析报告

　　白酒作为一种特殊的消费品,在丰富人民生活、繁荣市场方面一直扮演着重要角色,在我国更是历史悠久,从宋代开始,白酒就逐渐代替黄酒,成为主要的酒饮。随着历史的发展,不断积淀浓厚的文化和艺术价值,甚至成为一种极具时尚的收藏。

　　据统计,2016年5月中国白酒产量为105.5万千升,同比增长4.1%。2016年1—5月中国白酒产量为542.7万千升,同比增长6.8%。其中,"中国白酒金三角"的川贵黔地区扛起中国白酒产业的半壁江山,如附录图2-1所示。

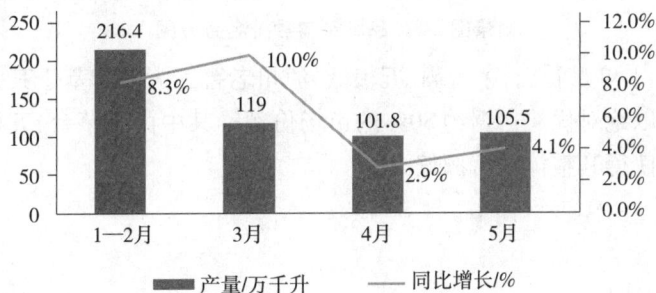

附录图2-1　2016年1—5月中国白酒产量

　　长江上游和赤水河流域的贵州仁怀、四川宜宾、泸州三角地带有着全球规模最大、质量最优的蒸馏酒产区,其白酒产业集群面积5.6万 km^2,有一批世界知名白酒品牌如茅台、五粮液、泸州老窖等,白酒产量占全国的1/5。

　　报告对酒水垂直门户酒仙网中川贵地区的白酒消费数据进行采集分析,从而对互联网白酒消费市场情况进行探索,酒仙网Logo如附录图2-2所示。

附录图2-2　酒仙网Logo

1. 品牌销售额

　　近年,白酒行业调整导致产品价格下调,五粮液、茅台价格下调约600元,国窖1573更是由1 530元降至650元附近。而这一调整也变相提升了消费者购买力,拉动个人白酒消费增长。附录图2-3所示为酒仙网2016年上半年累计销售额排名前十的白酒品牌。

元

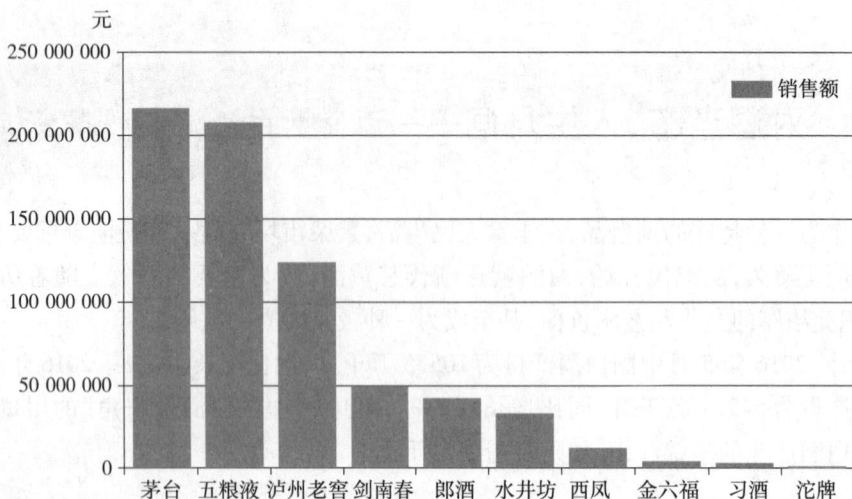

附录图 2-3　品牌销售额排名直方图

　　从附录图 2-3 中可以看出,茅台酒、五粮液、泸州老窖三大品牌基于其强大的品牌力与大众消费者体量,以绝对优势占据约 80% 的市场份额。其中由于茅台、五粮液品牌中存在极端价位商品,也使得其整体销售额偏高。

2. 品牌销量

　　在 2010—2015 年,高端酒在目前的价位和销量上已经实现了均衡,如附录图 2-4 所示。

156

元

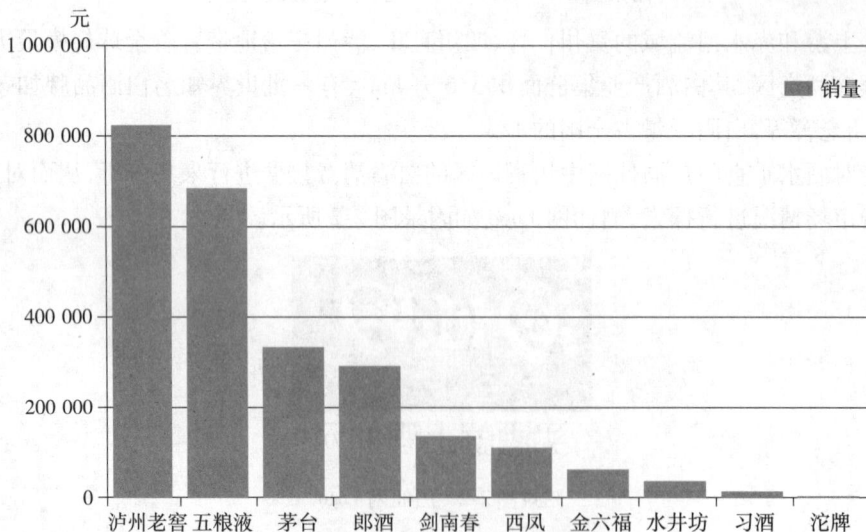

附录图 2-4　品牌销量排名直方图

　　泸州老窖以其特有的工艺特点制造出具有"无色透明、窖香幽雅、绵甜爽净、柔和协调、尾净香长"风格特点的"国窖 1573"和"窖香浓郁、饮后尤香、清冽甘爽、回味悠长"浓香正宗的泸州老窖特曲。深受广大消费者爱戴,在酒仙网平台上品牌销量突破 80 万瓶,占据品牌销量榜首。

3. 白酒香型消费倾向

目前被国家承认的白酒香型只有 5 种,即酱香、浓香、清香、米香和其他香型。川贵白酒香型多为浓香型、酱香型、其他香型,而消费者更倾向于浓香型白酒,其消费比例高达 78.9%,如附录图 2-5 所示。

浓香白酒销量最高的原因大致归为 3 点:

(1)价格低,更适合大众群体消费。

(2)产量高,生产周期为 45 天、60 天、90 天、120 天左右。

(3)品牌多,在市场上更加容易流通。

泸州老窖作为"浓香鼻祖,酒中泰斗",其销量庞大也正是因为找准了消费者的消费习惯。

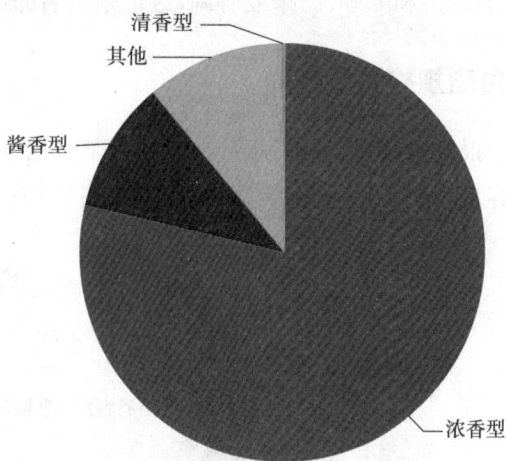

附录图 2-5　白酒香型消费倾向

4. 白酒酒精度消费倾向

目前,我国清香型白酒的酒精度一般为 60°~65°,浓香型白酒大多为 38°~52°,酱香型白酒一般为 52°~55°。据统计,消费者更倾向于购买 52°的白酒,其比例高达 64.5%,其次为 53°白酒,消费比例约为 9.5%,如附录图 2-6 所示。

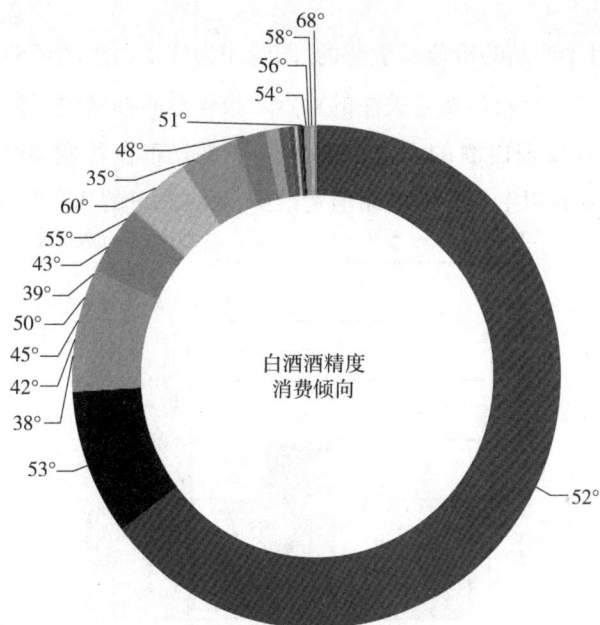

157

附录图 2-6　白酒酒精度消费倾向

消费者在选择白酒时大多依据个人喜好口感,数据显示,消费者更倾向于购买酒精度数为52°~53°的降度酒。这是因为,酒精度为52°~53°时,酒类分子与水分子的亲和力最强,酒的醉和度好,酒味最协调,这也是出名的白酒酒精度都为52°~53°的原因。

5. 白酒规格消费倾向

报告对消费者购买瓶装白酒的容量数据进行统计分析发现,近81%的消费者,都会选择容量为500 mL的瓶装白酒,如附录图2-7所示。

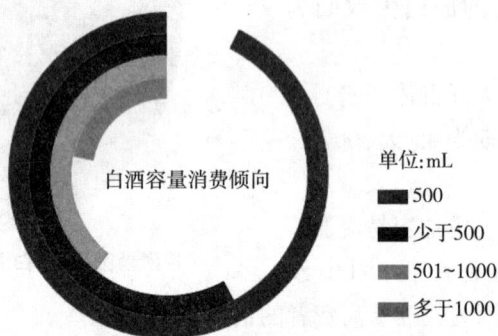

附录图2-7 白酒容量消费倾向

500 mL包装白酒,适合2~3人饮用,且不会导致醉酒,更适合人们日常宴饮,因此也是市场最为常见的白酒容量类型。

6. 白酒价格分段

大众消费者对于产品的价位是敏感的,同时作为拉动白酒销售额上升三大因素之一的消费价位,一直都是厂家及消费者关注的重点。报告对酒仙网中不同价格区间的白酒产品数量进行整理分析,发现白酒的大众消费价位主要分布在每瓶200元以下,约占总量的60.4%,而每瓶800元以上的高端酒品消费最少,只占总量的9.8%,如附录图2-8所示。

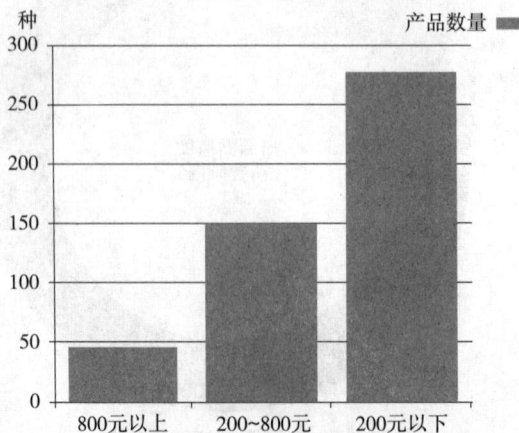

附录图2-8 白酒价位分布图

将白酒价位与品牌进行对比分析发现：800元以上价格区间，茅台以其全国性高端特色品牌一家独大，傲视群雄；200~800元价格区间，五粮液、泸州老窖平分秋色，地位难以撼动；200元以下价格区间，竞争格局多变，众多厂家必争之地，不仅存在诸多省级品牌，许多大品牌更是在此价格区间中推出知名单品，如附录图2-9所示。

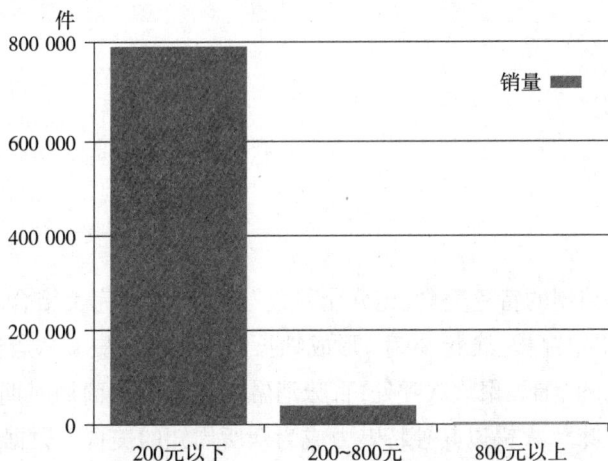

附录图2-9　泸州老窖不同价格区间销量

以泸州老窖为例，就曾提出自己既是"名酒"又是"民酒"的概念，推出"老窖世家"系列，将主力消费人群定位在中低端大众消费市场。对比白酒产品销量，不难发现泸州老窖作为畅销品牌在低端价位区也拥有很强大的市场占有率，如附录图2-10所示。

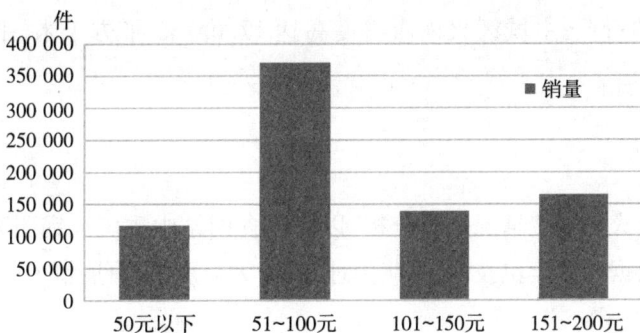

附录图2-10　泸州老窖200元以下酒品销量

7. 大家都在说

有什么样的生活，就有什么样的白酒。生活方式决定了人们对白酒的评价标准，而人们的评价也引导着白酒行业发展。报告采集了酒仙网中消费者对所买酒类的评论数据，绘制成词云图，来看看消费者在购买白酒时更爱关注哪些点，如附录图2-11所示。

附录图2-11　酒仙网评论词云图

附录3 无火锅 不重庆——重庆火锅大数据分析报告

1. 报告概况

1) 报告背景

火锅,作为中国独创的特色美食,充分诠释了"麻与辣"的完美结合。食材、香料、配方与技艺在浩渺的时空中穿梭、演变、再生,形成绵长而丰富的历史。从唐代的"绿蚁新醅酒,红泥小火炉"到清朝的"围炉聚炊欢呼处,百味消融小釜中";从商周时期的"鼎斗而食",演变到现代的"百锅千味",火锅以其独特魅力成为众所周知的美食。数据显示,2015年全国火锅商户共计超过350 000家,增长率为21.58%;营业额增长率达14.95%,仅前50强企业营业额就超过450亿元。

重庆火锅商户渗透率为20.1%,居全国首位,是名副其实的中国火锅之都。截至2016年5月,重庆市火锅店共计26 300家(含区县),火锅店零售额达221亿元,约占全市餐饮零售额的三分之一;直接从业人员接近500 000人,平均每30个人中,就有1人从事与火锅相关的行业;主城区火锅店密度高达17.65家/平方千米,平均每238米,就有1家火锅店。

2) 数据来源

报告对重庆市火锅消费情况进行分析,以各美食网站中重庆火锅团购、消费数据为分析对象。利用大数据网络爬虫技术,采集网址包括:大众点评、百度糯米。

3) 采集时间

火锅团购、消费数据采集时间区间:11月5—10日。

2. 重庆火锅分布分析

1) 重庆火锅分布区域特色

有人的地方就有江湖,而有重庆人的地方就有火锅。报告对重庆各主城区内火锅店铺数量进行统计,如附录图3-1所示。

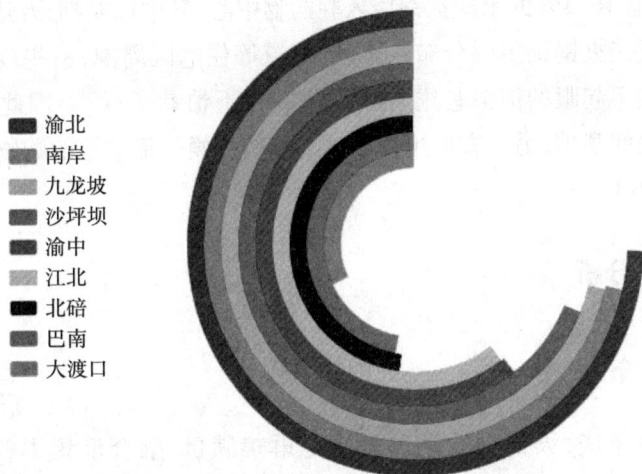

附录图 3-1　主城区火锅店分布

图例：
- 渝北
- 南岸
- 九龙坡
- 沙坪坝
- 渝中
- 江北
- 北碚
- 巴南
- 大渡口

　　渝北区作为主城新区、宜居名区和重要交通枢纽,以人口流动量大、商圈密集,成就了它的经济发展,也成就了它在火锅市场的地位。大大小小的火锅店棋布星罗,更有出名的"火锅一条街";中心城市窗口南岸区、创意休闲之都九龙坡区、文化学府汇集的沙坪坝区,也以各自的特色伴生众多火锅经济,在火锅店铺数量分布上呈"三足鼎立"之势。

2) 火锅分布商业特色

　　尽管重庆火锅已雄踞中国火锅业的龙头榜首,但一个有趣的现象是,在重庆主城的超过 15 000 家火锅店中,仅有 16.4% 的火锅入驻购物中心,如附录图 3-2 所示。

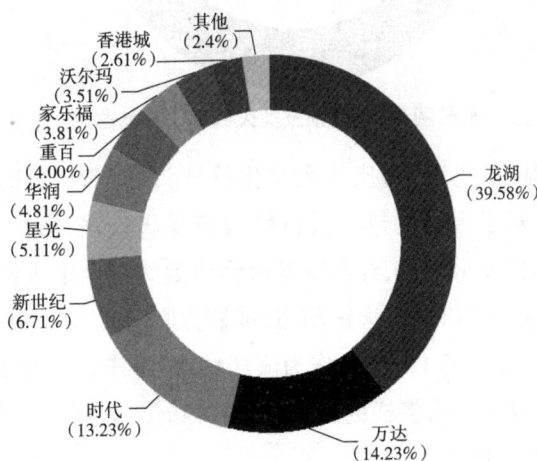

数据标签：
- 其他（2.4%）
- 香港城（2.61%）
- 沃尔玛（3.51%）
- 家乐福（3.81%）
- 重百（4.00%）
- 华润（4.81%）
- 星光（5.11%）
- 新世纪（6.71%）
- 时代（13.23%）
- 万达（14.23%）
- 龙湖（39.58%）

附录图 3-2　购物中心火锅分布占比

　　火锅作为一种独特的餐饮形式,除了带来美食的幸福感,更能提供巨大的社交潜力。临近周末,约三五好友,吃一顿热气腾腾的火锅,已经成为大量都市年轻人的休闲生活标配。数据显示,仅有16.4%的重庆火锅店入驻购物中心,其中以龙湖、万达等大型连锁商场为主。而更多的重庆火锅则主要分布在小区、街道等住宅区周围,一些口口相传的经典老火锅更是藏在一些不起眼的街头巷尾,正所谓"酒香不怕巷子深"。因此可以看出重庆火锅商家更为注重民间基础;另一方面也说明,作为美食、娱乐集散地的购物中心在火锅市场中还大有潜力可寻。

3. 重庆火锅口味分析

1)火锅类型分析

在火锅的故乡重庆,火锅餐饮的种类更是琳琅满目,融合汇集了各种系别、各种吃法。汤鲜味美的南派鱼火锅,冷热两吃的川派干锅火锅,肉美汤浓的北派涮锅……而最受本地人认可的,必定是那能点菜上桌糅合了重庆人耿直与热情的麻辣火锅,如附录图3-3所示。

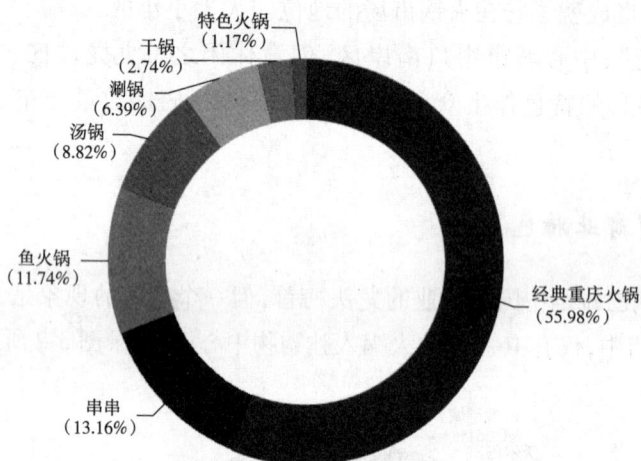

附录图3-3　火锅及类火锅餐饮种类占比

2016年,"重庆火锅"当选为"重庆十大文化符号"之首,在美味之余更被赋予文化内涵。正是由于重庆食客对于火锅的热爱,使得"经典重庆火锅"形成了对其他流派火锅的压倒性优势。根据大数据显示,重庆经典麻辣火锅店数约占全市火锅店总量的56%;同样以麻辣鲜香为特点的串串,因口感与火锅相似,被视为麻辣火锅的另一种形式,因此在重庆也广受欢迎,店铺数约占总量的13.2%;作为滨江城市,重庆人自是少不了对吃鱼的喜爱,这一点体现在火锅上就成了缤纷多样的鱼火锅,汤鲜味美,软糯滑口,同样抓住了消费者们的胃,在众火锅中占比约10%。

2)最受欢迎火锅菜品分析

火锅带来的幸福感慢慢变成一种习惯,存在每个重庆人的脑海里,在这美味习惯里,食客们热衷的菜品更是丰富多样。报告从荤、素、小吃三个角度展现重庆人民最爱的火锅菜品。

在火锅明星菜品的评比中,牛肉、毛肚和鹅肠占据了荤菜排行榜的前三名。牛肉作为国人最爱的肉类食品之一,在火锅中吃法繁多,肥牛、麻辣牛肉、霸王牛肉、耙牛肉……应有尽有,因此在菜品推荐中,接近半数的消费者选择推荐"牛肉";"毛肚"富含蛋白质、钙、磷、铁等营养价值,作为火锅圣品几乎是每桌必点的菜肴;"鹅肠"以弹脆嫩爽的口感广受山城食客喜爱,如附录图3-4所示。

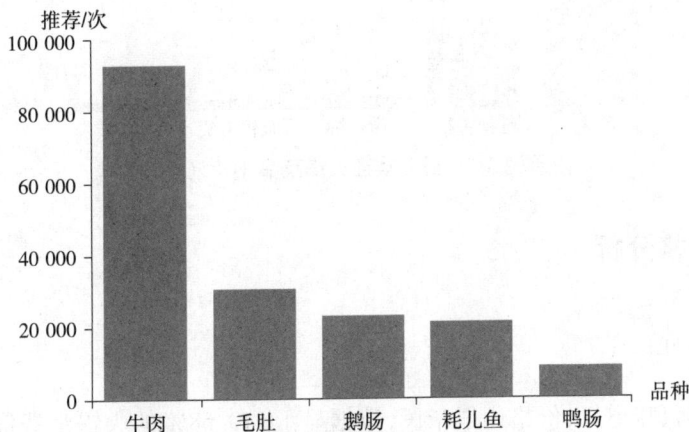

附录图 3-4　最受欢迎火锅菜品 TOP5(荤菜)

在品味火锅美食的同时,也不可忽略了营养搭配,据统计,重庆人最爱的火锅素菜类菜品依次为:苕粉宽粉类、时蔬类、豆腐类,如附录图3-5所示。

163

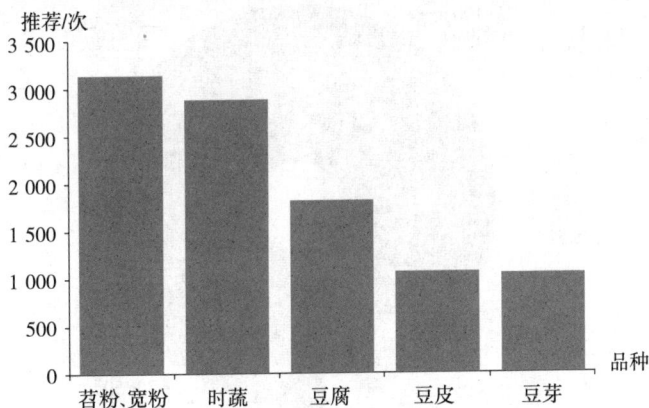

附录图 3-5　最受欢迎火锅菜品 TOP5(素菜)

在选择佐餐小吃时,重庆人更偏爱特色小吃"现炸酥肉",不管用来下酒还是烫火锅都别具风味,成为几乎每桌必点的火锅特色菜;其次,福建传统小吃"红糖糍粑"也颇合重庆人的胃口,位居排行榜第二;而大众小吃"南瓜饼、金银馒头"等也榜上有名,如附录图3-6所示。

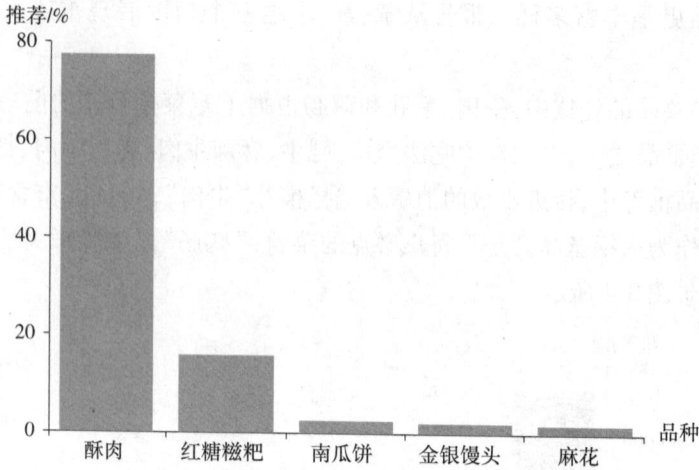

附录图 3-6　最受欢迎火锅菜品 TOP5（小吃）

4.重庆火锅价格分析

1）价格区间

重庆火锅不仅味道好,价格还很亲民,数据显示,40.68%的火锅消费价格集中在人均30～50元。菜品好,味道美,价格还实惠,如此贴近百姓生活,可以让大家来一场说吃就吃的火锅,如附录图3-7所示。

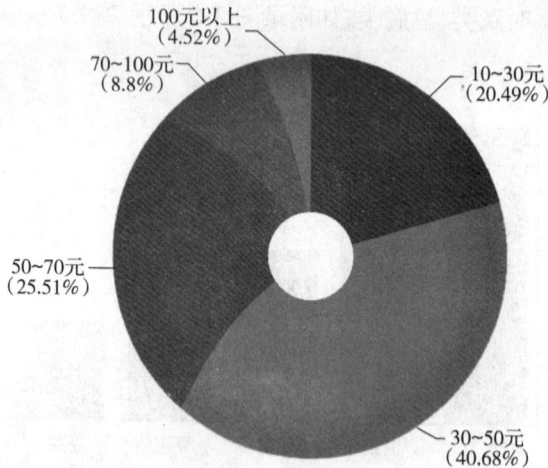

附录图3-7　火锅价格区间

价格在 10～30 元、50～70 元的火锅各占 20.49%和 25.51%,这表示重庆火锅不仅在低端市场有着较高占有率,同时也在不断向中高端大众市场延伸;价格在 70～100 元间的火锅比较少,仅占约 8.8%;而平均价格在 100 元以上的高端火锅更是少之又少,可见高端火锅在重庆的消费量并不是很大。消费者更偏爱价格实惠、味道正宗、性价比较高的火锅。

2）主城均价分析

就整体而言,国民美食火锅在重庆的价格并不高,均价约为44元。对比主城9区消费均价,以渝中区价位最高,约为53元,如附录图3-8所示。

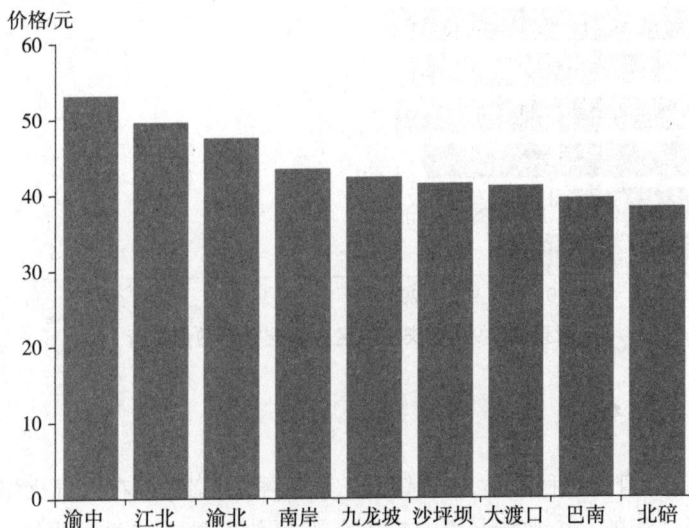

附录图3-8　重庆主城区火锅均价排行

在主城区中,渝中区作为重庆核心城区之首,不仅经济发达,更是巴渝文化的发祥地,人口密集的同时也聚集了大量经典火锅店铺,因此,火锅的均价是最高的;其次是紧邻渝中区的江北区、渝北区;而北碚区为主城9区中价格最低的,均价约为38元。

5. 重庆火锅品牌分析

1）主城品牌连锁分析

重庆火锅的特色优势更是让山城遐迩闻名,可以说,火锅就是重庆的一张名片。但有行业就会有竞争,有竞争就一定要分高低。那么在重庆哪家品牌更受欢迎?具体如附录图3-9所示。

报告对在主城拥有10家以上连锁店的火锅品牌进行统计分析,数据显示,"沈家洪城老火锅"连锁店最多,仅主城区店铺就多达41家。现在的沈家洪城老火锅,就是原临江门坎下老火锅,在渝有近三十年历史,是正宗地道的老火锅。排名第二位的是"刘一手火锅",这是一家专业从事火锅加盟连锁、餐饮管理的综合型企业,因此在重庆连锁店众多,在全国餐饮百强中跻身前十;接下来,无论是90后创业,既有味道又懂传媒的"矿火锅",还是主题特色鲜明,味道纯正巴适的"根据地老火锅",从拥有天下第一大锅,享誉全国的"德庄火锅",到上过中央电视台、上过报纸,在重庆也是无人不知、无人不晓的"晓宇火锅"都各具特色,呈百花齐放之势。

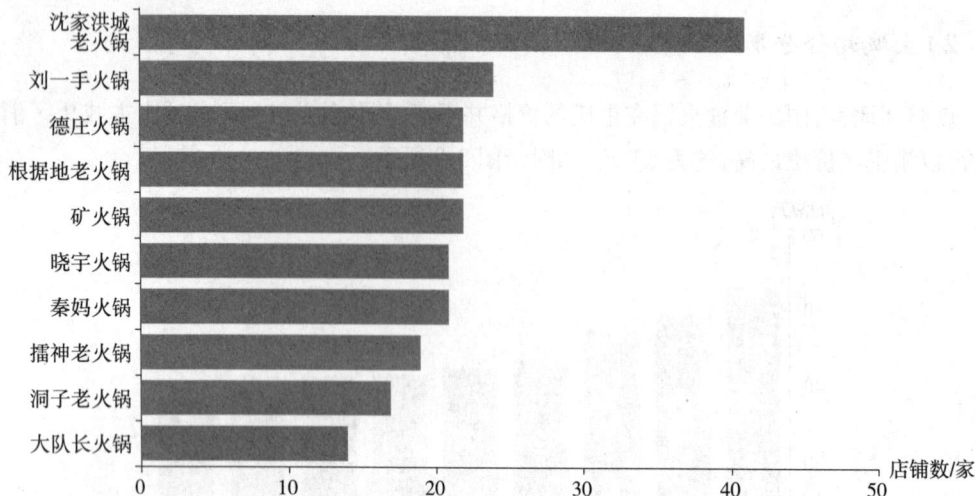

附录图 3-9　重庆主城区火锅连锁店数量排行

2）品牌人气分析

在重庆，火锅本身是一种美景，吃火锅是一道靓丽的风景，而在人气火爆的店门前等位置的队伍也成了火锅的一个独特元素。据大众点评数据显示，"沧龙火锅"成为重庆主城最具人气的火锅店，推荐值高达 5 082 次，如附录图 3-10 所示。

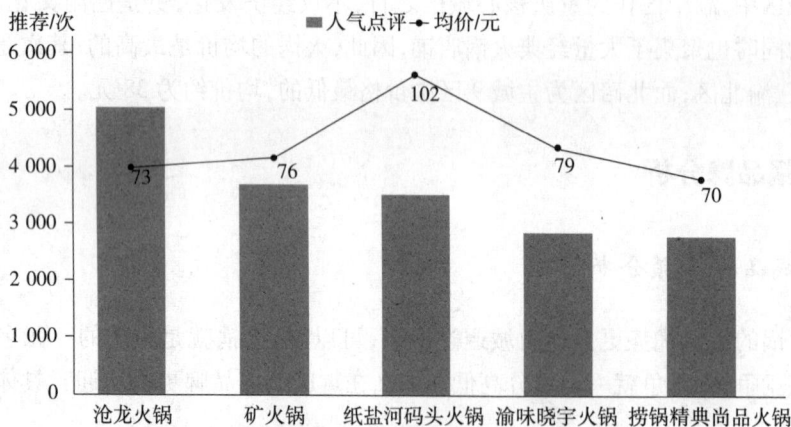

附录图 3-10　人气火锅店铺 TOP5

近年来，重庆火锅在日益激烈的竞争中不断发展，为吸引消费者，火锅店不仅要保证口味纯正，更要在调制、用料、吃法甚至环境等方面都有所创新。"沧龙火锅"位于洪崖洞附近，在享美食的同时也可观夜景，同时，火锅"口味鲜美、菜品新鲜"，相比其余几家店铺，消费较低，颇受好评；"矿火锅"为近年来重庆火锅品牌的后起之秀，品牌认可度、店铺人气都蒸蒸日上；"纸盐河码头火锅"滨临长江，以特色牛肉为消费者称道，更有"深夜食堂"之称；在重庆知名度甚高的"晓宇火锅"以及"尚品火锅"也以绝佳的口味，合理的价格深受广大顾客的追捧。

3）品牌综合分析

在重庆的万余家火锅店中,每家风格各异、味道千秋,众口万味,没有谁能定哪家是最好吃的火锅店。据此,报告对重庆火锅连锁品牌展开多维度分析,综合对比重庆知名火锅连锁品牌在主城区的店面数、均价、口碑、折扣、团购种数、团购销量,如附录图 3-11 所示。

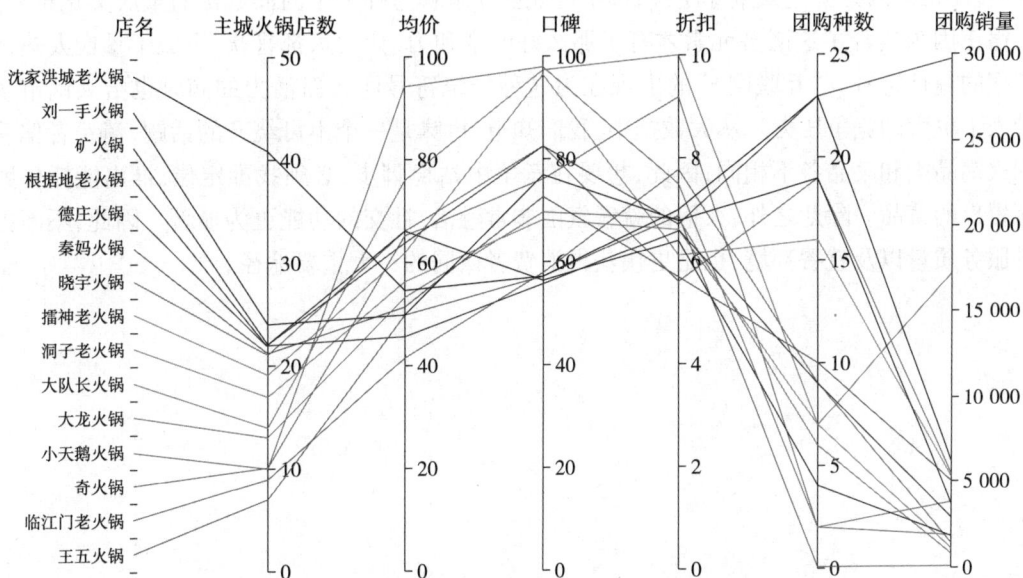

附录图 3-11　重庆知名火锅综合对比

附录图 3-11 按火锅品牌在主城区连锁店数依次排序,连锁店分布较广的品牌平均价位多集中在 40~60 元,其中,以"小天鹅火锅"平均消费最高,"临江门火锅"均价最低;而小天鹅火锅的整体消费偏高并未影响其口碑,凭借优雅的环境、正宗的口味和热情的服务高居口碑榜首位;"大队长火锅""雷神火锅"作为重庆老火锅的代表,口碑明显高于其他品牌。

从附录图 3-11 中可以看出,近半数的品牌折扣力度在 7 折左右,其中以"晓宇火锅"折扣力度最大;在团购方面,以重庆连锁店最多的"沈家洪城老火锅"和国内火锅龙头的"德庄火锅"种类数目最多,而"王五火锅"的团购活动均在区县店铺进行,主城店铺并未参与团购活动,因此未计入团购相关数据;德庄在火锅行业的地位目前无人能撼动,销量更是遥遥领先于其他火锅品牌,人喧如沸、客聚如潮也是店铺常态。

结　语

　　无论是属于"水派"还是"陆派",不管是传承还是玩家,或者认为火锅体现了重庆人的性格,还是只因为湿气太重才吃辣,都不可能独立解释这样一个内涵丰富的重庆文化符号。火锅正因为集合了这诸多元素才有了那么好的亲和力,让大家都喜欢,也成了重庆人热情直率的最佳符号。"互联网+"的出现在为这种传统符号注入新活力的同时也给火锅市场带来了更大的竞争压力。从大数据中,我们知道,口味是一个不可绕开的话题,消费者偏爱的火锅品类和菜品各不相同,因此,想要在竞争中站稳脚步,必须找准定位,推出能抓住顾客胃口的菜品。除此之外,火锅的就餐氛围非常融洽,社交的功能更为显著。因此,不断提升服务质量以及就餐环境,也是更快获得消费者认同的一大重要途径。

参考文献

[1] 闵敏. 网站运营数据分析[M]. 北京:高等教育出版社,2015.

[2] 李杰臣,韩永平,等. 网店数据化运营[M]. 北京:人民邮电出版社,2015.

[3] 张文霖,刘夏璐,狄松. 谁说菜鸟不会数据分析[M]. 北京:电子工业出版社,2014.

[4] Nathaniel Lin. 大数据商业分析[M]. 赵玲,译. 北京:人民邮电出版社,2016.

[5] 零一. 电商数据分析 淘宝实战[M]. 北京:电子工业出版社,2016.